Bernhard Grueber

Die Kathedrale des heiligen Veit zu Prag und die Kunsttätigkeit Kaiser Karl IV.

Bernhard Grueber

Die Kathedrale des heiligen Veit zu Prag und die Kunsttätigkeit Kaiser Karl IV.

ISBN/EAN: 9783743611948

Hergestellt in Europa, USA, Kanada, Australien, Japan

Cover: Foto ©Thomas Meinert / pixelio.de

Manufactured and distributed by brebook publishing software
(www.brebook.com)

Bernhard Grueber

Die Kathedrale des heiligen Veit zu Prag und die Kunsttätigkeit Kaiser Karl IV.

DIE

KATHEDRALE DES HEIL. VEIT ZU PRAG

UND DIE

KUNSTTHÄTIGKEIT KAISER KARL IV.

EINE ARCHITEKTONISCH ARCHÄOLOGISCHE STUDIE

VON

PROFESSOR BERNHARDT GRUEBER.

SEPARAT-ABDRUCK
AUS DEN
TECHNISCHEN BLÄTTERN,
VIERTELJAHRSCHRIFT DES DEUTSCHEN INGENIEUR- UND ARCHITEKTEN-VEREINES IN BÖHMEN,
I. JAHRGANG, I., II. UND III. HEFT.

IM SELBSTVERLAGE DES VEREINES.

PRAG, 1869.

In Commission der J. G. CALVE'schen kais. kön. Universitäts-Buchhandlung.

OTTOMAR BEYER.

Druck von Heinr. Mercy in Prag.

DIE KATHEDRALE DES HEIL. VEIT.

EINLEITUNG.

Die Erbauung des Prager Domes bezeichnet nicht allein einen wichtigen Abschnitt der mittelalterlichen Kunstgeschichte, sondern verdient auch vom allgemeinen und weltgeschichtlichen Standpunkte hohe Beachtung. Wurde ja durch Gründung dieser Kathedrale die kirchliche Trennung Böhmens von Deutschland ausgesprochen und sind die Schicksale des Hauses Luxemburg auf's engste mit dem Kirchenbau verwebt. Kein zweites Gebäude Europa's, weder das Münster zu Aachen noch der Kaiserpalast in Gelnhausen, trägt in so hohem Grade das Gepräge eines Erinnerungsmales als der Dom zu Prag: in den Pfeilern und Bogen, den Pyramiden und Laubgewinden, selbst in jedem Steine spiegelt sich die Geschichte des dahingeschwundenen Herrschergeschlechtes.

In Bezug auf künstlerische Entwicklung knüpft sich an diesen Bau die Entstehung der ersten deutschen Kunstschule, welche durch den wohlwollenden Kaiser Karl IV. ins Leben gerufen, sich von Prag aus über einen grossen Theil Deutschlands verbreitete. Die eigenthümliche Geistesrichtung, welche die Luxemburg'sche Regierungs-Periode kennzeichnet, spricht sich auch in ihren Kunstgebilden aus: überall ein Verlassen der hergebrachten Regeln, ein ungestümes Vorwärtsdrängen und auffallendes Streben nach Neuerungen. Der Kaiser, dessen gewerbthätiges und kunstfreundliches Walten die höchste Bewunderung verdient, eilte mit seinen Wünschen und Unternehmungen weit seiner Zeit voran und wurde daher von seiner nächsten Umgebung selten richtig verstanden. Dieses Verhältniss scheint auch auf den Prager Dom eingewirkt zu haben, dessen Formenwelt, obgleich zum grössten Theile von einem schwäbischen Meister herrührend, durchaus eigenthümlich erscheint und weder mit den nordischen noch westlichen Schulen eine nähere Verwandtschaft zeigt. Der Umstand, dass der ursprüngliche Plan und die Anlage des Gebäudes von einem Meister herrühren, welcher als Anhänger des Ziegelbaues sich hier in einem fremden Elemente befand, mag nicht wenig beigetragen haben, Formen herbeizuführen, welche der Gothik des vierzehnten Jahrhunderts und ihren Principien ferne liegen. Während die grossen Kirchen rings um Böhmen, die Dome von Magdeburg, Nürnberg, Regensburg, Wien und Breslau trotz der verschiedenartigsten Anordnungen doch gewisse stilistische Aehnlichkeiten einhalten, besteht der Prager Dom als isolirtes Kunstwerk für sich und will nach seiner Sonderheit beurtheilt sein.

1*

Es war ein reges und erfreuliches Leben, dessen Mittelpunkt der Dombau zu Prag bildete: gleichzeitig wurden in Böhmen die Prager Neustadt und die Moldaubrücke, Schloss Karlstein, die Stadt Karlsbad und unzählige Kirchen, Burgen, wie auch gemeinnützige Anstalten errichtet. Nürnberg und Breslau erhielten zur selben Zeit durch den kunstsinnigen Kaiser ihre herrlichsten Denkmale, durch ihn erhob sich das abgebrannte Zittau aus der Asche und sogar die fernsten Gegenden, die Rheinlande Westfalen und Italien hatten sich einer ähnlichen kaiserlichen Bedachtnahme zu erfreuen. Was die Mediceer späterhin unter günstigeren Verhältnissen vollführt, hat Karl der Vierte, geleitet von menschenfreundlichen und staatsökonomischen Rücksichten, in ungleich grossartigerer Weise angebahnt. Wenn in der Folgezeit viele seiner trefflichsten Werke und Einrichtungen zerstört worden sind, ist es um so mehr Pflicht der Gegenwart die ruhmvolle Thätigkeit dieses Fürsten anzuerkennen und sein Andenken zu feiern.

I. THEIL.

DIE BAU-GESCHICHTE.

In den ersten Tagen des März 1344 bewegte sich ein stattlicher Zug von Herren und Rittern an den Ufern der Rhone dahin gegen die päpstliche Residenzstadt Avignon, aus deren Thoren ein nicht minder glänzender Zug den Nahenden zum Willkommen entgegenrückte. Die in den Lüften flatternden Banner von Luxemburg und Böhmen verkündeten weithin den Rang der Ankömmlinge: sie waren König Johann von Böhmen und sein Sohn Karl, damaliger Markgraf von Mähren, welche dem Papste Clemens VI. einen Besuch abstatteten und von demselben an der Spitze aller Cardinäle feierlich empfangen wurden. Der Zweck dieser in so früher Jahreszeit unternommenen Reise war ein ausserordentlicher und zugleich doppelter: es galt nichts geringeres als Kaiser Ludwig den Bayer zu entthronen und an dessen Stelle Karl, den ältesten Sohn des Böhmerkönigs, einzusetzen. In zweiter Linie strebten König Johann und der mit dem Papste von früher Jugend eng befreundete Markgraf Karl an, die kirchliche Stellung Böhmens gründlich zu verändern und das Land von der Gerichtsbarkeit des Mainzer Erzbischofs, unter welcher es bisher gestanden, zu befreien. Sowohl der eine wie andere Plan fand am päpstlichen Hofe günstige Aufnahme und wenn der Absetzung des deutschen Kaisers sich ungeahnte Hindernisse in den Weg stellten, erfolgte die Erhebung Böhmens zu einem Erzbisthum desto schneller. Am letzten Sonntag nach Pfingsten, den 21. November obigen Jahres, war in Prag unermesslicher Jubel, der gesammte Adel des Landes, die Geistlichkeit und unzähliges Volk hatte sich in und bei der alten Domkirche eingefunden, alle Plätze waren dicht bedeckt mit Menschen, welche auf das Erscheinen des Königs und der Prinzen warteten. Heute wurde der mit Recht und Unrecht oft geschmähte Fürst mit tausendstimmigem Freudenruf empfangen, der sich nur allmälig legte, als Heinrich von Lipa, Propst von Wyssehrad die Kanzel bestieg, die päpstlichen Bullen mit lauter Stimme verläs und die unabhängige Stellung Böhmens vom Mainzer Episkopate verkündete. Hierauf legte der neuornannte Erzbischof von Prag, Arnest von Pardubitz, den Huldigungseid in die Hände des Legaten ab und wurde vom Breslauer Bischof mit dem Pallium bekleidet. Nachdem dieses geschehen, wurde die Grundsteinlegung zu dem von König Johann schon seit mehreren Jahren beschlossenen neuen Dombau durch den König, die Prinzen Karl und Johann und den Erzbischof Arnest in einfach würdevoller Weise vollzogen.

Die nächste Ursache, welche den König Johann zur Erbauung einer neuen Kathedrale bestimmte, scheint die Baufälligkeit des alten, von Herzog Spitignew II. begonnenen, aber öfters abgebrannten und reparirten Domes gewesen zu sein; auch mag sich in dem durch seine Erblindung niedergebeugten Fürsten, welcher in früheren Jahren den Dom seiner kostbarsten Schätze beraubt hatte, das Gewissen etwas geregt haben.

Ueber die Form des früheren Domes besitzen wir nur äusserst dürftige Nachrichten, welche der Chronist Cosmas und seine Nachfolger mittheilen. Nach Cosmas' Erzählung beschloss Spitignew im Jahre 1060, als er zum Wenzelsfest nach Prag kam und die vorhandene, vom heiligen Wenzel herrührende Domkirche viel zu klein für die heranströmende Menschenmenge fand, die Erbauung einer neuen geräumigen Kathedrale und liess sogleich Hand ans Werk legen.*) Es wurden auf des Herzogs Befehl sowohl der Bau des heiligen Wenzel wie die später angefügte Adalbertskapelle abgetragen und die Grundmauern nach einer länglichen Kreislinie gelegt.**) Nach Spitignews baldigem Tode vollendete sein Bruder, der Herzog und später König Wratislaw II. den Dom, welcher aber noch bei seinen Lebzeiten (1091) bis auf den Grund abbrannte. Der Wiederaufbau, bei welchem, wie es scheint, die frühere Form eingehalten wurde, erforderte nur fünf Jahre, eine in Anbetracht der damaligen Technik so ausserordentlich kurze Bauzeit, dass nur bei Fachwerken eine so schnelle Instandsetzung möglich war. Zum zweitenmale ging der Dom in Flammen auf, als Mark-

---

*) Die vom heiligen Wenzel erbaute Sct. Veitskirche war nach dem Zeugnisse des Cosmas ganz bestimmt ein Rundbau. Der Chronist sagt: „quam videlicet sanctus Wenceslaus construxerat ad similitudinem Romanae Ecclesiae rotundam, in qua etiam corpus sancti Wenceslai quiescebat." — Den Bau Spitignew's beschreibt Cosmas kurz mit folgenden Worten: „Continuo per longum gyrum designat Ecclesiae locum, jacit fundamenta, fervet opus, etc." — Ob das Wort „gyrus" als eigentliche Kreisliuie oder im allgemeinen Sinne als Umkreis (Umfang) zu nehmen sei, bleibt unentschieden; die Aulage scheint etwas complicirt gewesen zu sein; vielleicht eine Basilika mit halbkreisförmigen Morgen- und Abendchoren, vielleicht auch eine Nachahmung von Sct. Stefano il Rotondo in Rom. Höhere künstlerische Durchbildung darf kaum angenommen werden, das Gebäude bestand in seiner Masse aus Fachwerken und war bis zum Jahr 1276 mit Schindeln eingedeckt.
**) Ich folge hier nicht allein dem Wortlaut des Cosmas, sondern spreche zugleich die Ueberzeugung aus, dass der Dom Spitignew's ein Centralbau gewesen sei. Erstens ist unwahrscheinlich, dass die vom heiligen Wenzel gewählte Form sollte kurzweg aufgegeben worden sein, zweitens haben zwei der ältesten Denkmale Böhmens, die Kirchen zu Kowary und auf dem Georgienberg ovale Grundform. Auch D. Ambros spricht sich in seinem Werke: „Der Dom zu Prag," S. 84 dahin aus, dass der alte Dom kreisförmig gewesen sei.

graf Konrad von Znaim den Hradschin belagerte und das Georgskloster nebst den anstossenden Gebäuden niederbrennen liess. Diesmal geschah die Herstellung in noch kürzerer Zeit und die Wiedereinweihung konnte bereits nach etwa 16 Monaten am 30. September 1143 vollzogen werden. Aus den wenigen auf uns gekommenen Nachrichten über den alten Dombau lässt sich entnehmen, dass derselbe einen hohen Chor, zwei Grüfte, angebaute Kapellen und über vierzig Altäre besessen habe. Aus diesen Einrichtungen lässt sich aber nicht mit Bestimmtheit folgern, dass Spitignew's Bau eine dreischiffige Basilika gewesen sei, wie Tomek in seiner Abhandlung: „Der Aufbau der Prager S. Veitskirche" annehmen will:*) denn einen vorgelegten Chor und Grüfte besitzen viele altchristliche Centralbauten, sogar die in Böhmen vorkommenden, und zahlreiche Altäre können in einer runden, mit Säulenstellungen versehenen Kirche ebensowohl angebracht werden, wie in einem Langhause. Wir wollen nur an S. Stefano il Rotondo zu Rom (vorwaltend eine Holzconstruction), an die Grabkirchen zu Pisa und Bologna, S. Vitale in Ravenna und das Münster in Aachen erinnern, Werke von mitunter sehr bedeutender Ausdehnung, welche älter als der Dom Spitignew's alle die genannten Einrichtungen aufweisen. Betrachtet man unbefangenen Blickes die in viel späterer Zeit von Wladislaw II. zwischen 1140 und 1170 ausgeführten Bauten, von denen sich die S. Georgskirche auf dem Hradschin und die Stiftskirche zu Plass vollständig erhalten haben, vergleicht man die kümmerlichen Formen dieser und der übrigen im 12. Jahrhundert entstandenen böhmischen Basiliken, wird man zu der Ueberzeugung gelangen, dass der Steinbau um's Jahr 1060 noch in der Wiege lag.**) Mag aber die Grundform gewesen sein, welche immer, geht aus obigen Andeutungen hervor, dass der alte Dom kein einheitliches Gebäude war und nur die Umfassungswände aus Stein bestanden haben.

Der alte Dom stand westlich vom gegenwärtigen, durch König Johann und seinen Sohn Karl begründeten Neubau, auf dem freien Vorplatz, welcher sich zwischen dem Ostflügel der jetzigen Residenz und dem Dome ausbreitet. Die Abtragung des alten Bestandes geschah allmälig in dem Maasse, als der Neubau vorrückte; im Jahre 1373, als die Leichname der im alten Dome begrabenen böhmischen Fürsten ausgehoben und im neuen Chore beigesetzt wurden, bestanden beide Kirchen nebeneinander. Der Körper des heiligen Adalbert wurde 1396 aus einem noch bestehenden Reste des alten in den neuen

---

*) S. Kalender des Prager Dombauvereins, Jahrg. 1862. Unter den Gründen, welche Herr Tomek für den Beweis eines Basilikenbaues anführt, kommt unter anderen S. 27 vor: „Ein Rundbau ist schon deshalb nicht anzunehmen, weil Bauten dieser Art zur damaligen Zeit bei uns sonst überall nur in kleinem Massstabe vorkommen." — Da aber Wenzel der Heilige bereits im Jahre 930 eine Rotonde nach römischem Muster erbaut hat, konnte Spitignew um so leichter in viel späterer Zeit dieses Beispiel befolgen. S. Stefano il Rotondo ist in seinem äussern Durchmesser 204 Fuss, S. Vitale 113 Fuss und das Baptisterium in Florenz 97 Fuss weit; das kleinste dieser Gebäude dürfte Spitignew's Dom an Grösse übertroffen haben.

**) Kugler nennt in seinen kleinen Schriften, II. B. S. 494, die S. Georgskirche in Prag nicht mit Unrecht einen provinciellen Barbarismus. Die Formengebung dieser Kirche steht aber nicht vereinzelt, sondern alle noch vorhandenen Basiliken Böhmens schliessen sich an dieselbe an.

Dom übertragen; die letzten Ueberbleibsel der alten Kirche aber wurden erst durch den grossen Brand im Jahre 1541 zerstört. Ueber wenige der grossen gothischen Kathedralen haben sich so ausführliche und ins einzelne gehende Nachrichten erhalten, als über den Prager Dom: Stifter, Gründungszeit, Baumeister, Mittel und Verwaltung sind genau bekannt, wozu noch der günstige Umstand kommt, dass der bestehende Theil innerhalb 41 Jahren (1344—1385) vollendet worden ist. Nichtsdestoweniger bietet der Prager Dom in seinem Bestande eine ununterbrochene Reihe von Räthseln, deren Entzifferung nur theilweise und nur auf archäologischem Wege zu ermöglichen ist. — Vor allen Dingen haben wir einen prüfenden Blick ·auf das geschichtliche Materiale zu werfen, ehe wir auf den Bau und seine Bestandtheile eingehen. Obenan steht Weitmühl, des Kaisers Karl IV. treuester Biograph, von den älteren Chronisten beinahe der einzige, welcher die künstlerischen Unternehmungen seines Herrn bespricht. Weitmühl war Domherr und zugleich Vorstcher des Dombaues, der in alle Einzelheiten eingeweiht, bei liebender Hingebung an seinen Kaiser und sein Amt, vollen Glauben verdient. Leider fertigt er uns bei all seiner Gewissenhaftigkeit in Bezug auf Künstler und ihre Schöpfungen gewöhnlich mit ·den Worten ab: „Dominus imperator fieri fecit." Er hielt es offenbar für unanständig, neben dem Kaiser einen Zweiten als Urheber zu nennen und die Ehre der Ausführung zu theilen. Eingehendere Nachrichten finden sich allerdings bei Beckowsky, Hajek, Pessina und anderen späteren Schriftstellern: für den Archäologen wird jedoch die Erzählung eines Augenzeugen immer den höchsten Werth besitzen, umsomehr, wenn er wie Weitmühl bei der Ausführung betheiligt war.

Von dem Gesammtleben der Künstler und den damaligen bürgerlichen Verhältnissen geben die durch Zufall erhaltenen Protokolle der 1348 gegründeten Malerbruderschaft*) wichtige Aufschlüsse. Aus diesen in deutscher Sprache verfassten Satzungen ist zu entnehmen, dass die meisten der damals in Prag versammelten Künstler Deutsche waren und zwar aus den verschiedensten Gauen des Reichs. Das Leben war sehr rauh, der 'Geselle wird „Knecht" genannt, er kann nicht unter einem Jahre den Dienst wechseln und darf, falls er anderweitige Beschäftigung sucht, von keinem Meister wieder aufgenommen werden. Die Meisterin führt nach des Mannes Tod das Geschäft fort, kann nach Belieben Lehrbuben annehmen und freisprechen, hat sich auch bei den Zunftverhandlungen (der Zeche) einzufinden und abzustimmen. Obwohl die Maler, Illuminatoren, Schilderer, Bildhauer, Bildschnitzer, Goldarbeiter, Goldschlager, Glaser, Pergamentmacher und Drechsler zusammen die Maler- oder S. Lukas-Bruderschaft gegründet und sich zu einer Genossenschaft vereinigt hatten, war es doch keinem der verbundenen Gewerbsmeister erlaubt, in ein anderes Fach überzugreifen. Es durfte z. B. der Goldschlager keinen Ring, der Schildmaler kein Altarbild fertigen und der Illuminator hatte nicht das Recht, Pergament für den eigenen Gebrauch zu bereiten. Die vieljährigen

---

*) Abgedruckt in Rieggers Materialien zur Statistik Böhmens, III. 6. S. 119 ff. Die den Schilderern verliehenen Privilegien finden sich bei Pelzel, in dessen Lebonsbeschreibung Kaiser Karl des Vierten, im Anhang, s. N.

Streitigkeiten der Schilderer, (bürgerlichen Maler, welche sich mit Ausschmük-kung von Häusern, Waffen und Geräthschaften befassten) mit den geistlichen Malern (welche Altarbilder u. dgl. malten) konnten durch wiederholte Verord-nungen von Kaiser Karl und Wenzel IV. nicht beigelegt werden, und lassen das Zunftwesen in keinem rosigen Licht erscheinen. Ein gewisses Hörigkeits-verhältniss bestand auch in den Städten und im Handwerkerstand, wie aus einem an den kaiserlichen Maler Wurmser erlassenen Gnadenbriefe hervorgeht, worin demselben erlaubt wird, frei über sein Vermögen bestimmen und nach Belieben seinen Wohnsitz wählen zu dürfen.*) Stehen auch die Malerprotokolle, die damit verbundenen Namensverzeichnisse und die genannten kaiserlichen Erlasse in keinem unmittelbaren Bezug zum Prager Dombau, gewähren sie doch, da der Dom den Mittelpunkt aller künstlerischen Bestrebungen bildete, vielfache Anhaltspunkte.

Ueber die bürgerlichen Lebensumstände des zweiten Dombaumeisters Peter von Schwäbischgmünd enthält ein auf uns gekommenes Stadtbuch des alten Hradschiner Viertels, welches sich im Archiv des Prager Magistrates befindet, sehr wichtige Aufschlüsse. Dieses Buch ist überschrieben: „liber judiciorum bannitorum civitatis Hradczanensis" und umfasst die Jahre 1350 bis 1395. Urkunden über einzelne Stiftungen, namentlich der Altäre, finden sich in den Archiven des Domkapitels in ziemlicher Vollständigkeit, doch enthalten sie über den Baubetrieb und die Herstellung der Kunstwerke wenig Zuverlässiges. Bei weitem die wichtigste Urkunde über den Dombau und die karolinische Kunstperiode besitzt der Dom selbst in seinem Triforium, wo die Brustbilder der Stifter, Directoren und Bauleiter aufgestellt sind, eine Gallerie, welche ihres gleichen nicht hat und bisher von den Geschichtsforschern viel zu wenig be-achtet worden ist. Diese Büsten sind treue Naturstudien und wurden von einem Künstler angefertigt, der entweder alle oder doch die meisten der dargestellten Personen aus eigener Anschauung kannte. Die sinnreiche Anordnung hat man ohne Zweifel dem grossen Kaiser selbst zu danken und wir besitzen in den mit physiognomischer Schärfe behandelten Bildwerken, welchen kurz-gefasste Inschriften beigefügt sind, eine förmliche Kunstgeschichte.

Die beiden Domgründer, König Johann und Kaiser Karl, trugen sich offenbar mit der Absicht, ihre Residenzstadt mit einer Kirche auszustatten, welche an Grösse und Pracht die sämmtlichen Kirchenbauten des deutschen Reiches übertreffen sollte; diese Wünsche waren es, welche dem Baumeister seine Dispositionen vorzeichneten. Die Gesammtlänge wurde auf etwa 500 W. Fuss (annähernd 165 Meter) festgestellt, die Weite durch die Kreuzarme sollte nahezu die Hälfte dieses Maasses betragen. — Das Verhängniss wollte, dass nur der Chor des beabsichtigten Riesenbaues vollendet wurde und selbst diese Partie hat viele Abweichungen vom ursprünglichen Plane erlitten. Die Anlage war nach dem vollendeten gothischen Kathedralsystem gehalten, fünfschiffig

---

**) Der Maler Niklas Wurmser erhielt vom Kaiser Karl zwei Gnadenbriefe, der erste ist ausgestellt am 6. Nov. 1359, und enthält obige Verfügungen. Der zweite nennt den Künstler „pictor noster dilectus et familiaris," erhebt also denselben in den Adelstand. Beide Documente sind abgedruckt bei Pelzel an obigem Orte.

mit weit vortretenden Kreuzflügeln, Umgang, Kapellenkranz und zwei Thürmen an der Westseite. Der erste Dombaumeister, von welchem der Entwurf herrührte, war Mathias von Artrecht oder Arras, welcher, wie es scheint, bei dem Papste Clemens VI. früher in Diensten stand und von diesem war empfohlen worden.

Die Lebensgeschichte dieses Meisters liegt vollkommen im Dunkeln, wir wissen nur, dass er gelegenheitlich des Besuches, welchen die böhmischen Herrscher in Avignon machten, von dort nach Prag berufen wurde, wie dieses auch die im Triforium angebrachte Inschrift ausspricht:

Mathias natus de arras civitate
francic primus magister fabrice hujus ecclesie quem Karolus IIII pro tunc marchio moravie cum
electus fuerat in regem romanorum in avione
abinde adduxit ad fabricandam ecclesiam
istam quam a fundo incepit. anno D. M
CCCXLII.. et rexit usque ad annum LII in
quo obiit.*)

(Mathias, geboren in der Stadt Arras in Francien, erster Meister dieses Kirchenbaues, welchen Karl der Vierte, damals Markgraf in Mähren, zur selben Zeit, als er in Avignon zum römischen König erwählt worden war, von dort (von Avignon) nach Prag herüberführte, um den hiesigen Kirchenbau zu leiten. Mathias begann den Bau vom Grunde aus im Jahre 1342 (1344) und leitete denselben bis zum Jahre 52 (1352), in welchem Jahr er starb.)

Meister Mathias leitete mithin den Bau acht Jahre hindurch und legte den Chor mit dem Kapellenkranze an. Auch ein grosser Theil der Südseite und allem Anscheine nach das später vermauerte Portal des dortigen Kreuz-armes wurde während der Bauführung dieses Meisters gegründet. Ueber die Fortschritte des Baues in dieser ersten Zeit finden sich nur wenige Andeutungen, doch ergibt sich aus diesen, dass ein Theil der Kapellen bis zum Jahr 1352 gänzlich vollendet war, mithin die untere Partie der Ostseite bis zur Höhe der Gallerie als Werk des Mathias zu betrachten ist.

Schon bei Lebzeiten des Artrechter Meisters stiess der Bau auf Hindernisse und erfuhr bedeutende Störungen, welche sich nur dadurch erklären lassen, dass König Johann und der Mitregent Karl einige Grundstücke dem Dombau zugewiesen hatten, welche anderen Besitzern gehörten und von diesen späterhin nicht abgetreten werden wollten. Die an der Nordseite vorkommenden Regelwidrigkeiten und vor allem der Umstand, dass der nördliche Kreuzarm nicht über die Flucht der Langmauer vortritt, während der südliche mit 32 Fuss ausgeladen ist, schreiben sich bereits aus der ersten Bauzeit. Noch

---

*) Dass in dieser Inschrift das Jahr 1342 als Gründungszeit genannt wird, scheint weniger durch Irrthum als zufällige Beschädigung entstanden zu sein, denn die Schriften waren nur mit Harzfarbe auf Sandstein geschrieben. Die Worte „natus de arras civitate francie" dürften wohl einer späteren Umgestaltung angehören. Das uralt vlämische Artrecht (Atrebatae) kam erst 1640 aus Frankreich und der Name Arras war in jener Zeit, als die Inschriften verfasst wurden (um 1380), nicht gebräuchlich, am wenigsten in einer lateinischen Urkunde.

unheilvoller gestaltete sich für den Dombau jene Zwischenperiode, welche nach dem Ableben des Mathias eintrat und bis 1356, volle vier Jahre, währte. In diesem Zeitraum scheinen die Baudirectoren mit Hilfe untergeordneter Werkleute es versucht zu haben, ohne einen eigentlichen Meister fertig zu werden. Vielleicht war es die befürchtete Platzabtretung, weshalb man mit Einsetzung eines neuen Dombaumeisters so lange zögerte. Die Steine haben bekanntlich ihre Sprache, welche allerdings schwer zu verstehen und nicht für Jeden zugänglich ist, aber in dauerhafter und unwiderleglicher Weise ihre Wahrheiten kundgibt.*)

Im September 1356 machte Karl IV. als deutscher Kaiser eine Rundreise und hielt sich unter andern in der Reichstadt Schwäbisch-Gmünd auf, wo er die im Bau begriffene Heilig-Kreuz-Kirche besichtigte und die Steinmetzen Heinrich und Peter, in der Kunstgeschichte unter dem Namen Arler bekannt, kennen lernte. Der jüngere dieser Meister, erst drei und zwanzig Jahre alt, gefiel dem Kaiser so sehr, dass er ihn trotz seiner Jugend zum Dombaumeister in Prag ernannte. Peter trat unverzüglich sein Amt an und vollendete den Chorbau bis zum 12. Juli 1385, an welchem Tag das Gewölbe während des Gottesdienstes geschlossen wurde.

Die Wahl des jugendlichen Bauleiters aus Schwaben war eine in jeder Hinsicht glückliche und bezeugt den ausserordentlichen Scharfblick, mit welchem der Kaiser die richtigen Leute für seine Geschäfte auszuwählen ver-

---

*) Herr Tomek bezweifelt in der erwähnten Abhandlung, S. 48, die lange Zwischenpause und will den zweiten Dombaumeister Peter von Gmünd bald nach dem Tode des ersten eintreten lassen. Dieses ist nach dem Sachverhalte geradezu unmöglich, wie es auch mit den Inschriften nicht übereinstimmt. Die Manieren der beiden Meister sind bei äusserlichen Verschiedenheiten jede sehr scharf ausgeprägt uud leicht zu erkennen. Zwischen den erweislich von Mathias vollendeten Theilen und dem Bau des Meisters Peter kommt eine Reihe von Willkürlichkeiten vor, welche weder im Plane des einen noch anderen Meisters liegen, wie z. B. die unbegreiflichen Abweichungen der einzelnen Hauptpfeiler von einander, die verkrüppelten Formen der vordersten, dem Chorschlusse nächsten Strebepfeiler und das nicht zu verantwortende Verlassen der geraden Flucht an der Südseite. Dass die geistlichen Baudirectoren sich in den technischen Betrieb und zwar nicht zum Vortheil der Sache eingemengt haben mögen, wird von Hrn. Tomek als „jeder historischen Begründung entbehrend" zurückgewiesen. Geschichtlich lässt sich allerdings nicht mit Gewissheit bestimmen, von wem die Fehler gemacht wurden (in dieser Hinsicht pflichte ich dem verdienten Geschichtsforscher vollkommen bei), aber da diese Fehler gerade an jenen Stellen liegen, wo Mathias zu arbeiten aufgehört und der zweite Meister noch nicht eingegriffen hat, darf man, wie billig, Jene zur Rechenschaft ziehen, welche augenblicklich die Oberaufsicht führten. Irrungen und Missgriffe lassen sich bekanntlich, auch wenn sie gestern vorfielen, selten geschichtlich beweisen, weil sie Niemand begangen haben will, so in alter Zeit wie gegenwärtig. In Bezug auf die Rundreise Karls und seinen Aufenthalt in Schwäbisch-Gmünd sei schliesslich bemerkt, dass diese Reise nicht 1353, sondern 1356 (wie die Inschrift angibt) stattfand. Hierin stimmen Pelzel, der sich zunächst an einheimische Quellen hält, und Sattler in seiner Geschichte von Würtemberg ad ann. 1356 überein Auch konnte die im Jahre 1351 gegründete Kreuzkirche zu Gmünd unmöglich bis 1353 so weit vorgerückt sein, dass der Kaiser hätte ein Urtheil fällen und auf dieses hin den Baumeister Peter für den Prager Dombau befähigt halten können.

stand. Peter war ein Mann von seltener Begabung und Vielseitigkeit; Bau-
meister und Ingenieur, Bildhauer in Stein, Holz und Metall, Goldschmied und
Ciseleur, entsprach seine Thätigkeit ganz den Wünschen des vorwärts drän-
genden Herrschers. Wie in Köln und Strassburg gestaltete sich der Prager
Dombau zu einer Kunstschule für das Land: Fachleute aller Art fanden
Beschäftigung und Gelegenheit sich auszubilden, insbesondere war es das bisher
vernachlässigte Fach der Sculptur, in welchem durch das Einwirken des Meisters
Peter ein reger Aufschwung stattfand. Da er als Schwabe der Strassburger Bauhütte incorporirt war, wurde ein Verkehr mit den rheinischen Schulen hergestellt, wie sich aus verschiedenen urkundlichen Daten ergibt. Es arbeitete am
Prager Dome ein Bruder Peters, Namens Michael, ferner ein Steinmetz Michael
aus Köln, welcher späterhin des Dombaumeisters Tochter heiratete.

Unter Leitung des Arler wurde nicht allein der Chorbau vollendet, sondern auch nach längerem Stillstand der Grund zum Langhause des Domes
im Jahre 1392 gelegt. In der wohlerhaltenen Gedenktafel, welche zu Ehren
dieser zweiten Grundsteinlegung am Dome angebracht, und die 1396 verfasst
wurde, wird Peter noch als wirkender Dombaumeister angeführt, doch scheint
er bald nachher zurückgetreten oder gestorben zu sein, da sein Sohn Johann
(Hanns Parler) 1398 als Werkmeister des Domes vorkommt. Demnach dürfte
Meister Peter gegen Ende des Jahrhunderts verschieden und aller Wahrscheinlichkeit nach im Dome begraben worden sein. Die neben seiner Portrait-
büste im Triforium angebrachte Schrift lautet:
Petrus . henrici arleri . de polonia magistri de gem
unden in suevia secundus magister hujus fabrice quem impera
tor Karolus IIII adduxit de dicta civitate . et fecit eum ma
gistrum hujus ecclesie . et tunc fuerat annorum XXIII . et incepit
rege anno dmi. MCCCLVI. et perfecit chorum istum anno dmi. MCCCLXXXVI. quo
anno incepit sedilia chori illius . et infra tempus prescriptum etiam incepit
et perfecit chorum omnium sanctorum, et rexit pontem multavie . et incepit
a fundo chorum in colonya circa albeam.

(Peter, des Heinrich Arler (?) von Polonia (?) Meisters von Gmünden in
Schwaben, zweiter Meister dieser Kirche, welchen Kaiser Karl IIII. herüberholte
aus besagter Stadt und zum Baumeister des Domes einsetzte. Er war damals
drei und zwanzig Jahre alt und fing an den Dombau zu leiten im Jahre 1356,
und vollendete das Chor im Jahr 1386. In demselben Jahre begann er die Ausführung der Chorstühle des Prager Domes, auch begann und vollendete er
um dieselbe Zeit das Chor der Allerheiligenkirche. Er leitete den Bau der
Moldaubrücke, und erbaute aus dem Grunde das Chor zu Köln (Kolin) an
der Elbe.)

In diese Inschrift, deren ursprüngliche Fassung ohne Zweifel vom Meister
Peter selbst veranlasst wurde, haben sich verschiedene Entstellungen einge-
schlichen; durch wen sie bewerkstelligt wurden, ist nicht bekannt. Erstens
muss das Wort „Arler" beanstandet werden, welches mit Ausnahme dieser
Inschrift nirgends vorkommt. Peter nennt sich selbst in der von ihm herrührenden Inschrift zu Kolin: petr^s de gemüdia lapicida, in der grossen Gedenktafel
am Prager Dome vom J. 1396 wird er „Petrus de Gemund magister fabrice"

genannt*), und in verschiedenen Urkunden, wie auch im Hradčaner Stadtbuche
kommt er unter dieser Bezeichnung vor, mit dem beigefügten Prädicat „dictus
parler," auch parlerius und böhmisirt parlerz. Wenn hier ein einfacher
Schreibfehler zu Grunde liegt und es ganz gewiss „Parler" (Werkführer) heissen
sollte, verhält es sich anders mit der Wortstellung „henrici de polonia."
Heinrich Arler, von den Italienern Enrico di Gemudia (auch Gamodio) genannt,
war in keinem Falle Vater des Peter, wie obige Inschrift anzudeuten scheint,
sondern entweder ein älterer Bruder, eher jedoch Verwandter, welcher im J. 1351
die Kreuzkirche in Schwäbisch-Gmünd zu bauen begann, später nach Italien
übersiedelte und 1386 den Bau des nach seinen Plänen gegründeten Domes zu
Mailand leitete. Heinrich spielte eine grosse Rolle am Hofe der Visconti, wurde
aber vielfach angefeindet und zuletzt von der Bauleitung verdrängt, worauf er
sich in Bologna niederliess und dort, wie auch in Mailand und Pavia, mehrere
Paläste ausführte. Die Anlage des Mailänder Domes legt ein glänzendes Zeugniss
von der Begabung des Meisters Heinrich ab, welcher unter den Baukünstlern
des vierzehnten Jahrhunderts im höchsten Ansehen stand und ebenfalls bis gegen
1400 thätig war. Etwas älter als Peter, dürfte der Altersunterschied nicht mehr
als etwa 6 Jahre betragen haben; die Ursache aber, weshalb die Inschrift den
Meister Heinrich anführt, ist keine andere, als der ausgebreitete Ruhm, welchen
sich derselbe errungen hatte. Peter rühmte sich aus dessen Schule hervorgegangen zu sein. Der erste Satz sollte wahrscheinlich lauten: Petrus henrici
parleri de bologna alumnus, welcher Wortstellung die Thatsache entspricht,
dass Heinrich um selbe Zeit, als die Schrift geschrieben wurde, in Bologna
lebte. Mit Polen stehen die beiden der rheinischen Schule angehörenden
Künstler nicht in entferntester Berührung **).

Die Mittel zum Dombau waren schon durch König Johann im Jahre 1341
angewiesen worden und bestanden in dem Zehent aller Silberbergwerke Böhmens
und in freiwilligen Gaben, welche von besonderen Sammlern eingebracht wurden.
Wie hoch sich der Silberzehent belaufen, ist nicht bekannt; es war übrigens
das Einkommen nicht immer gleich, auch geschah es manchmal, dass der Fond
zu anderen Zwecken verbraucht wurde. Das Rechnungswesen und die Oberaufsicht wurde von Domherren geführt, deren fünf als Baudirectoren im Triforium
abgebildet sind; nämlich Buschek oder Busko, Holubecz, Benesch Krabitz von
Weitmühl, Andras Kotlik und Wenzel von Radecz. Die beiden ersten scheinen
nebeneinander gewirkt zu haben, sie starben früh wie die kurzen Inschriften
besagen:

Busco leonardi . archidiacon
curimensis . canonicus pragen.
primus fabrice director .
obiit anno . dmi. MCCCL.

Neben dem Bildniss ist das Wappen des Verstorbenen, eine Schuhsohle
mit einem Sporn und ein rothweiss geteilter Adler im goldenen Feld angebracht, ein Beweis adeliger Herkunft. Die zweite Inschrift enthält:

---

*) Diese Inschrift findet sich bei Erklärung der Illustrationen am Schlusse.
**) Ueber Heinrich Arler sind zu vergleichen: Lübke, Gesch. der Architektur; Kugler Hand-
buch; Fr. Müller, Die Künstler aller Zeiten; Springer, Kunsthistorische Studien.

Nicolaus dictus . holubecz
canonicus pragen. secundus
director fabrice pragen hic
obiit. anno . d. MCCCLV.

Wir bemerken hier das vor dem Namen Holubecz eingeschaltete „dictus," auch ist kein Wappen angebracht; dieser Domherr war also nicht von Adel. Holubec heisst ein Dorf in der Nähe von Prag, wahrscheinlich der Geburtsort des Verewigten.

Der dritte Baudirector ist der berühmte Chronist Benedict von Weitmühl. Sein Wappen zeigt einen Mühlstein und eine Kapsel (böhmisch krabice). Er wurde wahrscheinlich vom Kaiser Karl geadelt und stand dem Dombau von etwa 1350 bis an sein Ende 1375 vor. Die leider sehr kurze Inschrift enthält eigentlich gar nichts als das Todesjahr.

Benessius dictus crabiczie
canonicus pragen. studiosus
director fabrice tertius obiit
anno . dm. MCCCLXXV. die XXVII. mensis Julii.

Dieser thätige und um den Dombau hochverdiente Mann hat als Geschichtskundiger vielleicht den ersten Impuls gegeben, dass die Büstengallerie angelegt wurde. Ihm folgte Andreas Kotlik, dessen Bild eben so intelligent als liebenswürdig dareinschaut. Wappen fehlen, die Umschrift lautet:

Andreas . dictus . Kotlik . canonicus
et altarista . sancti dionisi . in ecclesia
pragen. director fabrice IIII. obiit
Anno . dm. MCCCLXXX.

Endlich folgt Wenzel Radetz, der demselben Geschlechte angehört, welchem der berühmte Feldmarschall Radetzky entstammt. Er führt noch kein Wappen, auch ist kein Todesjahr angegeben, woraus der gerechtfertigte Schluss gezogen werden darf, dass die Büsten während der Wirksamkeit dieses Directors aufgestellt worden seien. Die schon mehrfach ausgesprochene Vermuthung, dass Radetz sowohl die neben den Büsten angebrachten Inschriften wie die grosse Gedenktafel des Domes concipirt habe, wird beinahe zur Gewissheit, da Radetz von 1370 bis 1409 wirkte und seiner Zeit wohl der einzige war, welcher die einzelnen Thatsachen genau kannte. Sein Gesicht ist klein und hager, der Ausdruck verräth den denkenden gegen sich selbst strengen Mann; nebenan stehen die Worte:

Wenczeslaus de radecz canonicus
pragensis. et decanus ecclesie sti. appolin.
pragensis director fabrice quintus
qui tòtum chorum . pragen. testudinari procuravit
de pecuniis fabrice.

Die Geschichte des Prager Domes, nämlich des gegenwärtigen Bestandes ist in der Hauptsache mit Vollendung des Chorgewölbes, also 1385, abgeschlossen. Die unter König Wenzel IV. ausgeführten Bauten sind theils bei dem grossen Brande von 1541 zerstört worden, theils wurden sie nicht viel

über Erdgleiche gebracht. Die über den Chorbau gegen West vortretenden
noch erhaltenen Theile, unter denen der seltsam in den Schiffraum hineinge-
schobene Glockenthurm auffällt, zeigen nicht viel des Erfreulichen. Der Thurm
selbst wurde erst um 1400 gegründet und zeigt in seinem Untergeschosse eine
schöne Kapelle (die Hasenburgkapelle) mit einem zierlich ausgeführten Treppenthürmchen, dürfte aber vor dem Ausbruch des Hussitenkrieges nicht höher als
bis zur untern Galerie gebaut worden sein. Der Obertheil gehört dem Ende
des fünfzehnten Jahrhunderts an, stimmt in seinen Profilirungen vielfach mit
den oberen Partien des Wiener Stefansthurmes überein, ist jedoch flacher
gehalten und weniger durchgebildet. Die Ursache, dass dieser Thurm unmittelbar
an das südliche Querschiff hingelehnt wurde, dürfte zunächst in der Heissblü-
tigkeit des Königs Wenzel gesucht werden; der ungestüme Fürst wollte die lang-
wierige Arbeit und die ungeheuren Kosten verkürzen und ging nach dem
Sprichworte „Biegen oder Brechen" zu Werke. Dass Meister Peter am Thurmbau sich betheiligt habe, ist nicht wohl möglich und auch nicht glaublich; doch
könnte sein Sohn Johann denselben begonnen haben, wenn nicht ein Meister
Petrlik, welcher als Nachfolger des bald nach 1400 verstorbenen Johann eintrat
und gleichfalls aus Arler's Schule hervorgegangen war, den ganzen Unterbau
des Thurmes vollendet hat. Uebrigens liess sich König Wenzel IV. den Dombau
ernstlich angelegen sein; es wurden nicht allein die Pfeiler der Schiffe und
die äussern Umfassungsmauern angelegt, sondern der ganze für den Dom bestimmte Raum wurde durch ein Nothdach zu einer Halle vereinigt, so dass man
gleichzeitig fortbauen und die gottesdienstlichen Functionen ausüben konnte.
Während der husitischen Unruhen war der Bau eingestellt, scheint aber,
abgesehen von verschiedenen Plünderungen und Bilderstürmereien, keinen wesentlichen Schaden erlitten zu haben. Nach wiederhergestellter Ordnung waren die
Könige Podiebrad und Wladislaw II. bemüht, die unterbrochene Bauangelegen-
heit wieder in Gang zu bringen: es wurde unter Letzterem ein zweiter an der
Nordseite aufzuführender Thurm gegründet, der bestehende Südthurm erhöht
und ein königliches Oratorium in eine der südlichen Kapellen eingebaut: doch
war im Verlaufe der religiösen Wirren auch der Sinn für kirchliche Kunst
dahingeschwunden. Die von dem talentvollen Meister Benedict von Laun im
Dome ausgeführten Theile sind nichts anderes als Paradestücke, an die Aufnahme
des eigentlichen Baues in den Schiffen hat man sich nicht gewagt. Nach
Wladislaws Tode (1516) traten abermals vieljährige Unruhen ein, bis es König
Ferdinand I. nach schweren Kämpfen gelang, den Frieden herzustellen. Unter
der Regierung dieses Fürsten ereignete sich am 2. Juni 1541 der ungeheure
Brand, welcher den ganzen am linken Moldauufer gelegenen Stadttheil sammt
dem königlichen Schlosse Hradschin und den von König Wenzel IV. hergestellten
Dompartien in Asche legte. Das Feuer brach unten am Platze der Kleinseite
aus, verbreitete sich bei heftigem mehrmals wechselndem Winde nach allen
Seiten und wälzte sich, da ein trockener Sommer war, mit Blitzesschnelle den
Berg hinan, wo die von Peter Arler erbaute Allerheiligenkirche zuerst in Brand
gerieth. Von dem brennenden mit Schindeln eingedeckten Nothdache der Vor-
kirche am Dome drang die Flamme in den Chorbau ein, zerstörte das Schiefer-
dach, welches im Zusammenstürzen wahrscheinlich einen Theil des Gewölbes

durchschlug, worauf die ganze Kircheneinrichtung, Orgel, Altare und die berühmten von Arler geschnitzten Chorstühle verbrannten. Der nördliche unaus-
gebaute Thurm wurde ganz, der südliche von oben herab zur Hälfte zerstört,
doch widerstand der steinerne Bau des Chores der Gewalt des Feuers und
litt mit Ausnahme der Gewölbe keine grossen Beschädigungen. König Ferdinand
that, was in seinen Kräften stand, zur Herstellung der schwer betroffenen
Kathedrale und beauftragte die Baumeister Bonifaz Wohlgemuth und Hanns
Tirol mit der Instandsetzung. Da es an Geld mangelte, wurden der nördliche
Thurm und die von König Wenzel aufgeführten Schiffpfeiler i. J. 1561 auf
Befehl des mittlerweile zum Kaiser erhobenen Ferdinand I. gänzlich abgetragen
und der Platz, wo das Langhaus hätte erbaut werden sollen, abgeebnet. Der
südliche Thurm, welcher nach dem Zeugnisse des Bečkowský viel höher gewesen
sein soll, wurde zum Theil abgetragen und mit dem noch bestehenden Hauben-
dache bedeckt. Sowohl das Hauptdach über dem Mittelschiffe wie die Dachungen der Kapellen und Seitenschiffe, welche ursprünglich je nach den Gewölbe-
jochen mit einzelnen spitzen Dächern versehen waren, wurden in bedeutend
niedrigerer Weise hergestellt und durchaus mit Kupferblech eingedeckt. Durch
Meister Wohlgemuth, welcher die Restauration zwanzig Jahre hindurch leitete,
wurde aller Wahrscheinlichkeit nach das Gewölbe des Mittelschiffes erneuert
und gleich den Dächern tiefer herabgedrückt. Es ist über den Restaurationsbau
jener Zeit wenig Zuverlässiges auf uns gekommen, weil der einzige Berichterstatter, Baumeister Wohlgemuth weit mehr von Nebensachen, Orgeln, Uhren
und anzubringenden Malereien spricht, als vom Bau selbst, für welchen er
kein rechtes Verständniss hatte. Die grosse Wand, welche heute noch die
Westseite des Chores abschliesst, trägt in ihrem Untertheile bis zur Höhe der
Orgelempore alle Anzeichen, dass sie von Benesch von Laun aufgeführt worden
sei; die obere Partie ist glatt, bestand aber schon vor dem Brande, weil Hájek
in seiner Beschreibung der Feuersbrunst sagt, das Feuer wäre durch eine in
dieser Wand angebrachte Uhröffnung in den Dachstuhl des Chores eingedrungen.
    So sehr der Dom durch das grosse Feuer im Innern gelitten, waren doch
viele Kapellenaltäre unversehrt geblieben, es erfolgten neue Stiftungen und die
Einrichtung, durch eine prachtvolle von Ferdinand I. gewidmete Orgel vermehrt,
befand sich bald wieder in vollkommenem Stande. Der meist in Prag residi-
rende kunstliebende Kaiser Rudolf II. bereicherte die Domkirche mit einem
prachtvollen Mausoleum, einer aus weissem Marmor von Alexander Colin ge-
fertigten grossen Tumba, auf deren Deckplatte die lebensgrossen Gestalten der
Kaiser Ferdinand I. und Maximilian II., dann der Kaiserin Anna in liegender
Stellung angebracht sind. Die Inschriften besagen, dass neben den dargestellten
drei Personen auch Kaiser Karl IV. und drei seiner Gemalinen nebst dem ein-
jährigen Prinzen Wenzel, dann Wenzel IV., Ladislaus Posthumus, Georg Podě-
brad, Eleonora, des Kaisers Maximilian II. Tochter, Kaiser Rudolf II. und Erz-
herzogin Amalia, gest. 1804, beigesetzt sind.
    Kaum war dieses Denkmal vollendet, brach neues Unglück über den
Dom herein. Im Jahre 1619 erwählten die protestantischen Stände von Böhmen
den Churfürsten Friedrich von der Pfalz zum Könige. Dieser, ein eifriger Cal-
vinist und ganz von seiner Umgebung abhängig, erlaubte seinem Hofprediger

und Rath Skultetus eine Bilderstürmerei, ärger als sie einst Savonarola in Florenz aufgeführt. „Alle Altäre, Crucifixe und Bilder wurden abgebrochen, theils selbst mit Axt und Hacken drein geschlagen," erzählt der rodliche Cistercienser Kapihorský, von welchem sich eine Beschreibung des mit fanatischer Wuth betriebenen Zerstörungswerkes erhalten hat. Wenn auch die Herrschaft Friedrich's, des sogenannten Winterkönigs, nur bis zu der Schlacht am Weissen Berge (8. Nov. 1620) währte, sind doch in dieser kurzen Frist alle von Karl IV. und den späteren Regenten herrührenden Altäre mit zahllosen Kunstwerken, Bildern und Schnitzarbeiten unwiederbringlich verloren gegangen, ja man hat sogar die steinernen Altartische, deren gegen sechzig bestanden, bis zur Erdgleiche abgerissen, in Trümmer geschlagen und was verbrennbar war, auf Haufen geworfen und verbrannt. In jenen Tagen hat der Dom und mit ihm die Kunstgeschichte des Landes empfindlichere Verluste erlitten, als zur Zeit der Husitenstürme und des grossen Brandes.

Noch einmal sollten schwere Tage über den Dom hereinbrechen, als Prag im siebenjährigen Kriege durch König Friedrich II. belagert wurde. Die Fenster der Nordseite mit ihren Maasswerken, die Gallerien und Strebebogen wurden arg mitgenommen, denn nicht weniger als einige 20.000 Schüsse trafen die S. Veitskirche. Diese in unseren Tagen noch allenthalben sichtbaren Beschädigungen waren es zunächst, welche den Gedanken einer durchgreifenden Restauration angeregt haben, die nun seit dem Jahre 1860 im Zug begriffen ist.

Da es nicht Zweck dieser Abhandlung sein kann, eine ausführliche Beschreibung der Domkirche, ihrer Schicksale und Merkwürdigkeiten zu liefern, sondern die gestellte Aufgabe dahin geht, den künstlerischen Charakter des von Kaiser Karl herrührenden Baues zu untersuchen, haben wir nur jene Ereignisse aufgezählt, welche unmittelbar auf die Erbauung und Formengebung fördernd oder schädlich eingewirkt haben. Diesen Umriss mag nachstehende chronologische Uebersicht des Bauverlaufes vervollständigen:

1341. König Johann beschliesst den Bau eines neuen Domes zu Prag und schenkt zu diesem Zwecke den Zehent der Silbergwerke von Kuttenberg und Březnic, wie auch den Zehent von allen übrigen schon betriebenen oder künftighin aufzufindenden Silberwerken Böhmens kraft einer Urkunde vom 23. October.*)

---

*) Wie in so vielen Punkten widerfährt dem König Johann grosses Unrecht in Bezug auf den Dombau, wenn man diesen ausschliesslich seinem Sohne Karl zuschreibt. War auch Letzterer die Seele des Unternehmens, dürfen die Verdienste des Vaters nicht verkannt werden. Johann von Luxemburg, der selten ein gerechtes Urtheil erfahren hat, war ein Fürst von ausgezeichneten Herrschergaben; in seinem vierzehnten Jahre zum König von Böhmen erwählt, war seine Regierung anfänglich eine der glücklichsten, deren sich das Land je erfreute. Da aber jede geordnete Regierung dem Feudaladel missfiel, entzweite man den jugendlichen König erst planmässig mit seiner Gemalin, vertrieb die weisen und gerechten Räthe, hetzte den heranwachsenden Prinzen Karl gegen den Vater auf und untergrub das königliche Ansehen dergestalt, dass es zu einem Schattenbilde einschrumpfte. Dass ein Feuerkopf wie Johann, dessen Charakter für den Rahmen eines Böhmerkönigs viel zu grossartig angelegt war, sich nicht zu einem Scheinregenten hergeben wollte und auf Irrwege gerieth, ist eben so natürlich als verzeihlich.

1344. Gründung des Domes am 21. November. Um diese Zeit mochten die Grundmauern, da Meister Mathias im Frühling angeworben worden ist, schon ziemlich weit vorgerückt gewesen sein. Anlage der Chorkapellen und des südlichen Portals.

1346. König Johann reist in Begleitung des Markgrafen Karl nach Avignon und von da nach Rense. Wahl des Markgrafen zum römischen König. Beide Herrscher eilen dem König Philipp von Frankreich zu Hilfe, welcher von den Engländern schwer bedrängt wird. König Johann fällt am 26. August in der Schlacht von Crecy und Karl wird durch die deutschen Angelegenheiten so sehr in Anspruch genommen, dass er erst im folgenden Jahre nach Böhmen zurückkehrt. Die lange Abwesenheit des Regenten wirkt schädlich auf den Dombau; es erfolgen die ersten Abweichungen vom Plane und der nördliche Kreuzarm wird zusammengezogen.

1348. Erbauung einer königlichen Gruft im Dome, wo die am 1. August verstorbene erste Gemalin des Kaisers Margaretha Blanca von Valois beigesetzt wird. Meister Mathias legt das Schloss Karlstein nach dem Muster des päpstlichen Palastes in Avignon an. Die Baustelle des Domes ist bereits mit einem Nothdach überdeckt.

1352 Die S. Antoniuskapelle, die erste in der Chorrundung links neben der Mitte wird durch den Erzbischof Ernest eingeweiht, und die Pfeiler im Chorumgang werden aufgestellt. Gegen Ende des Jahres stirbt Baumeister Mathias.

1353. Anna von der Pfalz, zweite Gemalin des Kaisers, stirbt am 2. Feb. Karl IV. lässt im Dome drei Altare bei der Gruft seiner Familie errichten.

1356. Der Steinmetz Peter von Schwäbisch-Gmünd wird zum Dombaumeister in Prag ernannt, alle fünf Chorkapellen werden in diesem und den folgenden zwei Jahren vollendet. Veränderte Form der geraden Hauptpfeiler.

1357—1360. Grosse Störung des von Mathias entworfenen Planes durch Einschaltung der Wenzelskapelle. An der Nordseite ebenfalls Abweichung durch den Bau der Sakristei.

1366. Die sämmtlichen Wölbungen der Seitenschiffe werden geschlossen, Vollendung der Wenzelskapelle und des ganzen Chores bis zur unteren Galleriehöhe. Von den Wandgemälden der Wenzelskapelle wurde das mittlere an der Ostwand, ein Votivbild, bereits im Jahre 1362 kurz vor dem Tode der Kaiserin Anna von Schweidnitz ausgeführt.

Dass sich der König, wo er irgend frei handeln konnte, das Wohl des Landes angelegen sein liess und mit echtem Regentcutact das Zweckmässige anordnete, beweist die Errichtung der böhmischen Landtafel und der Erlass des ältesten in Deutschland bekannten Baugesetzes. Unter Johann's Regierung wurde Prag gepflastert und viele sanitäre Einrichtungen getroffen; der König schenkte das ihm gehörige Weinungeld zur Verschönerung der Stadt und verordnete, dass alle in der Nähe liegenden Steinbrüche in das Eigenthum Prags zur unentgeldlichen Benützung der Bürger übergingen. Diese anfänglich getadelten Verordnungen zeigten sich in der Folge als sehr heilsam und trugen wesentlich bei, dass Kaiser Karl eine so ausgebreitete Kunstthätigkeit entwickeln konnte.

1367. Vollendung des Portales am südlichen Kreuzflügel.

1370—1371. Erbauung der Fürstengrüfte in den Chorkapellen. Grosse Thätigkeit im Fache der Bildhauerei, die Denkmale der altböhmischen Fürsten werden in der Bauhütte gefertigt. Das Mosaikbild über dem Portal des südlichen Kreuzflügels wird von unbekannten, wahrscheinlich venetianischen Künstlern ausgeführt und die Aufstellung der Portraitbüsten im Triforium beschlossen. Der Bau im Obertheil macht aber sehr langsame Fortschritte.

1373—1374. Uebertragung der Leichname der altböhmischen Regenten und Bischöfe aus dem alten Dom in den neuen. Das Triforium und der Lichtgaden werden angelegt.

1378. Kaiser Karl IV. stirbt am 29. Nov. und wird in der Domkirche beigesetzt. Die Pfeiler und Fenster des Chorschlusses im Oberbau werden angelegt.

1379—1385. Immer langsamere Bauführung, die Mittel versiegen mehrmals; endlich am 12. Juli 1385 wird das Chorgewölb geschlossen und der vollendete Chorbau am 1. October eingeweiht.

1392. Grundsteinlegung zu den Domschiffen am 2. Juni. Die Umfassungsmauern und Pfeiler des Langhauses werden angelegt.

1396. Aufstellung der an der Südseite angebrachten Gedächtnisstafel, welche die wichtigsten Abschnitte des Dombaues angibt. (Im Anhang beigeschaltet.)

II. THEIL.

BESCHREIBUNG DES DOM-GEBÄUDES.

Wie aus dem geschichtlichen Verlaufe erhellt, wurde von der übergross projectirten Kathedrale nur das Chor ausgeführt, nämlich der fünfseitige aus dem Zehneck eingetheilte Polygonschluss und fünf gerade Gewölbjoche, welche den Raum zwischen dem Querschiff und Chorschluss eintheilen. Die Anlage ist als eine fünfschiffige gedacht, doch sind die äusseren Nebenschiffe nicht wie in Köln frei geblieben, sondern zu geschlossenen Capellen eingerichtet worden. Nur an einer einzigen Stelle, nämlich in der Sigismundkapelle an der Nordseite befindet sich statt der Querwand ein freier Pfeiler und ist das äussere Nebenschiff in zwei Jochen entwickelt. Die mittlere Weite des Hauptschiffes beträgt von einer Pfeilerachse zur entgegengesetzten 45 Wiener Fuss, die Weite je eines Seitenschiffes wurde mit 22 ½ Fuss angenommen und eben so gross auch die Entfernung von einer Pfeilerachse zur andern in der Längenrichtung. Diese Maasse sind aber nicht genau eingehalten worden und es kommen namentlich in den Breitenverhältnissen viele Abweichungen vor: so beträgt die lichte Gesammtweite durch das erste Gewölbjoch nächst dem Chorschluss 129 Fuss, durch das zweite und dritte Joch 132, und durch das vierte Joch 135 Fuss. Wie mit den Hauptmaassen verhält es sich mit den einzelnen Theilen, die Nordseite der Kirche vom Mittel an gerechnet ist im Allgemeinen etwas weiter als die Südseite. An der Stelle, wo das Querschiff hätte errichtet werden sollen, wurde das 1385 vollendete Chor zum Schutze mit einer Quermauer abgeschlossen, welche als provisorisch ohne alle Ausstattung verblieb. Der Entwurf des Meisters Mathias zeichnet sich durch die denkbarste Einfachheit und Regelmässigkeit aus. Durch den Chorschluss aus der Hälfte des Zehnecks erhielten Umgang und Kapellenkranz eine gleichartige von allen Verschiebungen freie Eintheilung, wobei allerdings einige Uebelstände, welche eine solche Construction mit sich bringt, und die später besprochen werden, auffallend hervortreten. Dem fünfseitigen Schluss entsprechend erhielt das Chor fünf gerade Gewölbjoche, an welche sich das Querhaus in gleicher Weite mit dem Hauptschiffe anlehnen sollte. Die Ausdehnung des Querhauses würde, soweit man aus dem vollendeten südlichen Kreuzarm entnehmen kann, im Lichten 180 Fuss betragen haben, doch war hier nicht wie in Köln das Herum- führen der Nebenschiffe beantragt. Ueber die Länge des westlichen Kirchen- raumes lassen sich nur Vermuthungen aufstellen, da weder sichere Beschrei- bungen noch alte Bauplane auf uns gekommen sind. Dass das Haus durch sechs Gewölbjoche gebildet werden sollte, lässt sich durch vergleichende Restaurations- entwürfe mit Sicherheit feststellen; schwerer hält es, die Gestalt und Ausdehnung der projectirten Thürme zu bestimmen. Am wahrscheinlichsten ist, dass Meisten Mathias die Thürme nach dem Beispiele von Köln an der Westseite, je mit einem Pfeiler in der Mitte angeordnet habe.

Die detaillirte Formengebung des Mathias entspricht genauest der im Grossen eingehaltenen Einfachheit: der Meister hat sich als Niederländer von Jugend auf in den Backsteinbau eingelebt, zeichnet daher ängstlich mit kleinen rechtkantigen Brüchen und vermeidet in seinen Profilirungen alle tiefen Kehlen und kräftigen Ausladungen. Weder Bildhauer noch mit Sinn für Plastik begabt, umgeht er fast alle Ornamentik, es kommen keine Verkragungen vor, den Pyramiden und Ziergiebeln fehlen die Eckblumen, eben so fehlen die Larven, Thiergestalten und Baldachine, mit denen andere Dome überreich ausgestattet sind. Auf Anbringung einer Statue ist im ganzen Bau des Mathias nicht angetragen, und da Figurenschmuck bei einem Portale unumgänglich nothwendig war, ordnete der Meister am südlichen Kreuzflügel statt des an- gezeigten Portals eine Portike (Vorhalle) an, welche im Gegensatz zu den langgezogenen Fenstern dürftig genug aussieht. Mathias hielt die Bogen gerne unter dem Winkel von 60° und gebrauchte nur eine einzige Fensterbildung: alle von ihm aufgestellten Fenster sind gleich. Für diesen Mangel an Phantasie entschädigt er durch die sorgfältigste Ausführung und ein feines Liniengefühl, welches sein talentvollerer Nachfolger nicht immer einzuhalten versteht.

Neben den Anklängen an den Ziegelbau gewahrt man in den Arbeiten des Meisters Mathias ein zweites südliches Element, welches schon am Dome, in höherem Grade noch am Schlossbau zu Karlstein hervortritt. Der Meister hat einen Theil des päpstlichen Palastes in Avignon ausgeführt, dafür sprechen nicht allein der Aufenthalt in dieser Stadt und die Empfehlung des Papstes, sondern zumeist die durchgehende Verwandtschaft der Schlösser Karlstein und

Avignon. In Avignon aber herrschte wie in ganz Südfrankreich der italienische Einfluss vor und hier gewann der Baumeister jene Vorliebe für Massenhaftigkeit und grössere Flächen, welche die unteren Partien des Prager Doms gleich sehr von den deutschen wie französischen Kathodralen unterscheiden. Das Lob, welches Fiorillo (bekanntlich kein Freund der gothischen Kunst) dem Prager Dome spendet, bezieht sich ausschliesslich auf den Bau des Mathias und die einfache etwas antikisirende Formgebung des Untertheiles.*)

Die Partien, welche entweder von diesem Meister selbst, oder nach seinen Anordnungen ausgeführt worden, sind:

1. Die fünf Kapellen des Polygons und die angränzenden beiden geraden Kapellen der Nord- und Südseite.

2 Die sechs freien Pfeiler der Chorrundung und die beiden nächsten in gerader Linie stehenden Pfeiler, mit den entsprechenden Wandpfeilern.

3. Der südliche, vor dem zweiten geraden Joche stehende Treppenthurm mit der ostwärts danebenstehenden Kapelle und die nach dem Brand von 1541 vermauerte Portike des südlichen Kreuzflügels.

Der Kapellenkranz und Umgang wurde bis zur Höhe der unteren Gallerie nach dem ursprünglichen Plane vollendet, der Porticus aber nur bis zu einer Höhe von etwa 18 Fuss.

Der gewählte Chorschluss aus fünf Seiten des Zehnecks verdient für eine fünfschiffige Construction nicht empfohlen zu werden, und zwar zunächst aus dem Grunde, weil die Kranzkapellen bei gleicher Erweiterung der Radien im Verhältniss zu den Nebenschiffen übermässig vergrössert werden. Hiedurch erscheinen im Innern die Schiffe zusammengedrückt, während der hohe Chor an der Aussenseite nicht mit genügender Unabhängigkeit über die Kapellen emporsteigt. Ein fernerer Uebelstand dieser Schlussform ist, dass das Chorgewölbe mit einem geraden Gurt abschliesst, an welchen sich die fünf Kappen der Polygonwölbung muschelartig anlehnen und auf denselben drücken. Das Unschöne einer solchen Gewölbeform hat der zweite Dombaumeister erkannt und zu umgehen gesucht, indem er oberhalb im Triforium das Zehneck in ein Neuneck umsetzte und aus fünf Seiten desselben ein ungleich edleres Polygongewölbe mit einem freien Schlussstein entwickelte. Dieses Gewölbe ist nicht mehr vorhanden, aber die Gliederungen der Wandpfeiler und die nach den Radien des Neunecks schief gestellten vordersten Pfeiler der geraden Ordnung sprechen deutlich aus, was Peter Arler angestrebt hat.

Wenn man bei Betrachtung der Aussenseiten die Formengebung des Meisters Mathias nur gutheissen kann, wird sich das günstige Urtheil in Bezug auf das Innere einigermassen herabstimmen und die Frage, ob der Architect bei längerer Thätigkeit seine Aufgabe befriedigend durchgeführt haben würde, lässt sich nicht unterdrücken. Ganz in der Ziegelconstruction befangen hat der vlämische Meister die Pfeilerbildung der Chorrundung so verflacht,·dass allem Anschein nach schon die Zeitgenossen sich mit der Gliederung nicht befreundeten. Wir sehen nämlich, dass nach des Mathias Tode sogleich dessen Pfeilersystem aufgegeben

---

*) Geschichte der zeichnenden Künste in Deutschland und den Niederlanden von J. D. Fiorillo. I. B. S. 126 ff.

und der Uebergang zu einer kräftigeren Form eingeleitet wurde, vielleicht ehe noch Arler mit der Bauleitung betraut war. Dieser letztere construirte die vier westlichen Pfeiler aus vollen Rundstäben und tiefen Kehlen nach Art der üblichen Bündelpfeiler. Es stehen mithin im Chore und in gerader Linie ganz verschiedene Pfeilerformen, welche im Laufe von wenigen Jahren wie versuchsweise aufgestellt worden sind.*) Die beigeschalteten Grund- und Aufrisse, insbesondere aber die Detailzeichnungen vom Kapellenkranze und den Pfeilerbildungen, erklären die Manier und das künstlerische Streben des Meisters Mathias vollständig. Die angedeutete Restauration des alten Gesammtplanes in Bezug auf den von Mathias projectirten Schiff- und Thurmbau ist Ergebniss vieljähriger Studien und stimmt im Wesentlichen mit den Ansichten aller Kunstforscher überein, welche sich mit dem Prager Dom eingehend beschäftigt haben.

Peter von Gmund, der zweite Dombaumeister, ist unbestritten derjenige, welcher dem Gebäude die gegenwärtige Form verliehen hat; er fand beim Antritt seiner Bauführung jene grossen Abweichungen von der ursprünglichen Anlage, deren gedacht worden ist, schon eingeleitet, und es scheint ihm zunächst obgelegen zu haben, Ordnung in die sich vielfach kreuzenden, theils vom Kaiser theils von der Geistlichkeit ausgegangenen Aenderungen zu bringen. Neben der Einziehung des nördlichen Kreuzflügels war in der Zwischenzeit (wahrscheinlich vom Kaiser selbst) die Erbauung einer dem heiligen Wenzel gewidmeten Kapelle angeordnet worden, welche, ohne alle Rücksicht auf Plan und Harmonie, in das Querschiff so hineingeschoben wurde, dass selbst die Construction leiden und die Hauptmauer im Bogen über die Kapelle gesprengt werden musste. Auf diese Weise entstand eine Blendarchitectur, welche dem Wesen gothischer Kunst fremd ist und die einer plangemässen Vollendung für alle Zeiten den Riegel vorschob.**) Eine andere jedoch minder störende Einschaltung geschah an der Nordseite, wo zwei Kapellen des äussern Nebenschiffes zu einer Sacristei umgewandelt wurden. Diese Aenderungen nahmen mehr als die Hälfte des dem Chore zugewiesenen Raumes ein und bedingten so vielerlei Umarbeitungen, dass Meister Peter bis zum Jahre 1366 im Unterbau zu schaffen hatte.

---

*) Kugler bezeichnet in seinem „Handbuch der Kunstgeschichte" die Pfeilergliederung des Domes als flach und kraftlos, spricht aber nur von den östlichen Pfeilern und übersicht, dass an der Westseite ein entgegengesetztes System eingehalten ist.

**) Herr Kranner, der gegenwärtige Dombaumeister, vermuthet, dass die Wenzelskapelle aus dem Grunde so überzwerch in den Kreuzarm hineingeschoben wurde, weil man das an dieser Stelle befindliche alte Grabmal des heiligen Wenzel aus Pietät nicht verlegen wollte. Diese Ansicht erhält jedoch weder durch die gepflogenen örtlichen Untersuchungen noch durch die Geschichte irgend eine Bestätigung. Das Grabmal S. Wenzels bestand ursprünglich gar nicht in Prag, sondern in Altbunzlau, war also schon einmal verlegt worden, weshalb eine so übertriebene Pietät für den Platz kaum vorausgesetzt werden darf. Dann war die alte Wenzelskapelle unmittelbar mit dem alten Domgebäude verbunden und dieses lag (wie schon erwähnt worden ist) westlich vom heutigen Dome. Da im Jahr 1373 nach Weitmühl's unzweifelhaftem Berichte die alte Kathedrale noch vollständig erhalten war, konnte sich das ehemalige Wenzelsgrab unmöglich an gegenwärtiger Stelle befinden.

Gerade in den beiden Einschaltungen der Wenzelskapelle und Sacristei hat Peter sein Talent aufs glänzendste bewährt, und er hat weder in den übrigen Domarbeiten noch am Chorbau zu Kolin eine so gediegene Formendurchbildung entwickelt. Die Wenzelskapelle ist quadratisch und hält 34 Fuss an jeder Seite. Das sehr eigenthümliche Sterngewölbe wird durch die von 8 Wandpfeilern sich ausspinnenden Rippen eingetheilt, wobei die Sonderbarkeit vorkommt, dass in den Ecken keine Pilaster stehen und auch keine Rippen von dort auslaufen. Der Raum ist der Höhe nach durch ein fast überstark ausgeladenes Gesims in zwei Stockwerke abgetheilt und von einem zierlichen Sockelgesims umgeben. In der oberen Abtheilung war das Leben des heiligen Wenzel in einem Cyclus von Wandgemälden dargestellt. Diese Bider scheinen durch den Brand von 1541 grösstentheils zerstört worden zu sein; die jetzt an dieser Stelle befindlichen sind im Style des Heinrich Goltzius ausgeführt und schon sehr verblasst. Die untere Bilderreihe blieb, wenn sie auch schlecht übermalt worden ist, in den Umrissen erhalten und stellt die Leidensgeschichte Christi in eilf Scenen dar. Die Bilder sind zwischen einer Verkleidung von Halbedelsteinen, Achaten, Chrysoprasen, Amethysten, Carneolen und ähnlichen in Böhmen vorfindlichen Gesteinen eingepasst, daneben ziehen sich reiche Vergoldungen hin und das Ganze gewährt den Eindruck ausserordentlicher wenn auch etwas barbarisirter Pracht. Der Goldgrund, welcher die Edelsteinplatten und auch die Gemälde umzieht, ist mit den zierlichsten gepressten Dessins versehen, und hat durch den Brand nicht im mindesten gelitten, wahrscheinlich weil das erwähnte weit ausgeladene Horizontalgesims die untere Räumlichkeit geschützt hat. Unter den eingelegten Steinen befinden sich Exemplare von seltener Schönheit und Grösse, es kommen Platten von 8 bis 9 Zoll Höhe und 4 bis 6 Zoll Breite vor; die Steine sind nur an der Vorderseite geschliffen, während die Ränder ihre von der Natur gegebene unregelmässige Form behielten. Diese Verkleidung unterscheidet sich von ordinärem Bruchsteingemauer nur dadurch, dass statt gewöhnlicher Bausteine Edelsteine genommen und die Mörtelfugen vergoldet wurden. Kaiser Karl scheint für diese Ausstattung besondere Vorliebe gehabt zu haben, nebst der Wenzelskapelle sind auch die Kreuzkirche und Katharinenkapelle in Karlstein auf solche Weise verziert worden und die in Tangermünde vom Kaiser errichtete Schlosskapelle soll ebenfalls mit Edelsteinen belegt gewesen sein.

Der bauliche Zustand der Wenzelskapelle ist, von unwesentlichen Beschädigungen abgesehen, weder durch den grossen Brand noch spätere Unfälle beeinträchtigt worden; der Bau zeigt allenthalben noch jene Gestalt, welche ihm Arler verliehen, und der poetische Hauch, welcher das Ganze durchzieht, wurde nicht wie eine Patina durch die Zeit, sondern durch das Talent des Meisters hervorgerufen. Weniger auffallend aber nicht minder gediegen durchgeführt zeigt sich die Sacristei, welche zwei Gewölbe-Abtheilungen des nördlichen äusseren Nebenschiffes einnimmt und in der Mitte durch eine Säule unterstützt wird. Die Erbauung dürfte zwischen 1359 bis 1364 geschehen sein. Von der Sacristei führt eine Wendeltreppe in eine darüber befindliche Schatzkammer, welche Anordnung der Baumeister auch in Kolin getroffen hat. Das sehr schöne Sterngewölbe mit durchbrochenen Rippen in der östlichen Hälfte

der Sacristei und die hängenden Schlusssteine daselbst verdienen besondere
Würdigung als Vorläufer des Karlshofer Kuppelbaues. Westlich neben der
Sacristei befindet sich die Sigismunds-Kapelle, wie jene aus zwei Abtheilungen
bestehend; sie lehnt sich an das Querhaus an und bildet eine mit dem innern
Nebenschiffe verbundene offene Halle, die einzige Stelle, wo das fünfschiffige
System unverhüllt auftritt. Die Aussenseite längs der Sacristei und Sigismunds-
Kapelle ist arg vernachlässigt, ein Beweis, dass man zu Meister Peters Zeit
jeden Gedanken aufgegeben hatte, den nördlichen Kreuzarm plangemäss zu
vollenden und die hiezu nöthigen Grundstücke einzulösen. In den Fenster-
maasswerken der Sigismundskapelle und in der südlich gegenüberliegenden
Martinitzkapelle offenbart unser Meister bereits seine Hinneigung zu flamboyenten
Decorationen, welche er am Chorbau zu Kolin in noch höherem Grade entwickelt. Peter von Gmund ist ohne Zweifel einer der ersten Meister, welcher
die sogenannten Fischblasenornamente in Deutschland zur allgemeinen Anwendung gebracht und hiedurch zum Verfall der gothischen Architectur beigetragen
hat. Das Bestreben nach neuen oder ungewöhnlichen Formen zeigt sich auch
in der am Dome eingehaltenen Bogenbildung; Peter wendet lanzettförmige,
stumpfe und normalmässige aus dem gleichen Dreieck beschriebene Spitzbogen
nebeneinander an: der Eingang in die Wenzelskapelle ist mit einem Halbreise
bedeckt und an den Strebepfeilern kommen gerade Sturze vor. Dieselbe geniale
Willkür treffen wir auch an den übrigen Bauten des Meisters; ein sprechender
Beleg ist das vielbekannte, mit einer halbkreisförmigen Gurte umrahmte nördliche
Portal der Teinkirche, an welchem Arler das am Eingang der Wenzelskapelle
versuchte Motiv in reicherer Gestalt ausgebildet hat. Wenn diese Bildungen
Peters Thätigkeit im Unterbau genau bezeichnen, erkennt man schon beim
flüchtigsten Anblick, dass der gesammte Oberbau von einer und derselben Hand
herrührt. Angefangen von dem Gesimse, auf welchem die Gallerie des Lauf-
ganges (Triforiums) ruht, bis zu den höchsten Spitzen der Strebepfeilerpyramiden
ist jeder Theil vom schwäbischen Meister hergestellt worden und spricht seine
Manier aus. Nur die äusseren Gallerien, welche den Kapellenkranz einfassen,
scheinen (obgleich erneuert) dem Plane des schlichten Mathias anzugehören.
  In Arler's Bau sind alle Fenster verschieden, jeder Strebepfeiler unterscheidet sich vom nächsten durch andere Gliederung und andere Maasswerke; die
Kühnheit der Construction übersteigt oft alle Begriffe. Wie aus dem angefügten
Grundrisse des Oberbaues zu entnehmen, ruht das ganze Chorgewölbe sammt
dem Lichtgaden (dem oberen Stockwerk des Chores) beinahe ausschliesslich auf
den Strebebogen; da die Umfassungsmauern in der Höhe des Triforiums nur
1 Fuss stark und obendrein häufig durchbrochen sind. Selbst die Hauptpfeiler
sind in dieser Höhe durchbrochen und treten an der äusseren Wandfläche nur
als 9 Zoll starke Lessenen vor. Diese übertriebene technische Virtuosität kann
bei einem Monumentalbau unmöglich gebilligt werden, weil selbst bei hinrei-
chender Stabilität der Eindruck von Unzulänglichkeit hervorgerufen wird und
vorzunehmende Reparaturen mit grossen Schwierigkeiten verbunden sind.
  Das Triforium mit seiner derben Säulenstellung und dem etwas ver-
künstelten Geländer gehört zu den schwächsten Partien der Arler'schen Bauführung, denen wir noch die oberste Gallerie beizählen müssen. Im Triforium

bemerkt man bereits sich kreuzende und abgekappte Stäbe nebst anderen Bildungen, welche die Spätgothik charakterisiren; die an den dortigen Säulen vorkommenden Capitäle und Basen sind formlos. Dagegen sprechen die sechs-feldrigen Fenster des Lichtgadens durch eben so originelle wie malerische Bildung an. Durch zwei stärkere oder doppelte Stäbe wird innerhalb der Fensterleibung ein zweiter Bogen gebildet; der auf solche Weise gewonnene Mittelraum wird alsdann durch drei einfache Stäbe wieder in vier Felder zerlegt. Die Maasswerke sind zwar nicht frei von Willkürlichkeiten, aber phantasievoll und von schlagendem Effecte. Es ist nicht mehr die keusche kirchliche Kunst, welche in diesen Gebilden sich ausspricht; man merkt das Bestreben, einen kaiserlichen Gönner zu fesseln und zu befriedigen. Das Höchste im Gebiete decorativer Ausstattung leistet Arler in dem Bekrönen seiner Strebepfeiler und den daraus entspringenden Strebebogen. Hier versteht er die Massen zu brechen, die Lasten überzutragen und dem gewaltigen Gerüste eine Leichtigkeit zu verleihen, welche kein zweiter Baumeister in dieser Weise gewonnen hat. Man darf bei Betrachtung dieser Pfeilerstellung nicht übersehen, dass Arler sich durch den allzubreit angelegten Kapellenkranz in einer sehr ungünstigen Lage befand und in seinen Dispositionen gehindert war. Wie er in die Fenster-Decorationen eine grosse Mannigfaltigkeit gelegt und jedes Maasswerk anders entworfen hat, sehen wir dieselbe Abwechslung in der Strebepfeilerbildung durchgeführt. Sonderbar fällt auf, dass Meister Peter die Ornamentik häufig als einen eigenen, dem Massenbau nicht angehörigen Theil behandelt und die Stäbe mit ihren Maasswerken unabhängig neben die betreffenden Mauerkörper hinstellt.

Das über dem Strebepfeiler des südlichen Kreuzarmes aufgestellte durchbrochene Treppenthürmchen verdient als Meisterstück luftiger Construction und wahrscheinliches Vorbild der am Strassburger Münsterthurme angebrachten Eckthürmchen vollste Beachtung.

Die gegenwärtigen netzförmigen Gewölbe des Hauptschiffes stimmen weder mit den übrigen Anordnungen unseres Architekten überein, noch sind sie, wie schon bezüglich der Polygonwölbung bemerkt wurde, organisch mit dem Hause verbunden. Da bei dem Brande von 1541 ein Theil der Wölbungen durchgeschlagen wurde, ist wahrscheinlich, dass der kaiserliche Architekt Wohlgemuth, welcher von 1541 bis 1563 die Restauration des Domes leitete, das ganze Gewölbe des Hauptschiffes herabgenommen und erneuert habe.*) Netzgewölbe

---

*) Die hier ausgesprochene Vermuthung erhielt während der Drucklegung des ersten Theiles dieser Schrift vollkommene Bestätigung. Es mussten nämlich in jüngster Zeit einige Gewölbekappen der Seitenschiffe abgetragen und die übrigen blossgelegt werden. Bei dieser Gelegenheit stellte sich heraus, dass alle im 14. Jahrhundert ausgeführten Gewölbe aus festen und etwas porösen Bruchsteinen construirt worden sind, und nur bei den durch Meister Wohlgemuth nach 1541 ausgeführten Reparaturen Ziegel zur Verwendung gelangten. Nun bestehen die sämmtlichen Wölbungen des Hauptschiffes aus Ziegeln, welche genau so in Verband gesetzt sind, wie anderweitige im 16. Jahrhundert hergestellte Gewölbe. Auch das Herabrücken des Hauptgewölbes liess sich während der Blosslegung deutlich erkennen, so dass der vollgiltige Beweis der Erneuerung geliefert worden ist.

dieser Art waren um die Mitte des sechzehnten Jahrhundertes noch sehr beliebt. Arler selbst hat immer das Kreuzgewölbe festgehalten und es sogar bei seinen reichsten Bildungen, z. B. in der Wenzelskapelle und Sacristei zu Grunde gelegt. Welchen Zweck man bei Anlage des Thurmes vor Augen hatte, bleibt ein Räthsel, wenn man nicht der Ungeduld des Königs Wenzel IV., unter dessen Regierung der Bau vorgenommen wurde, die seltsame Aufstellung zuschreiben will. Der Untertheil dieses Bauwerkes bis zur Galleriehöhe sammt der im Innern angebrachten Hasenburg'schen Kapelle schliesst sich an die von Meister Peter befolgte Formengebung an, doch befremdet das grosse nun vermauerte südliche Fenster, dessen äusserste Leibungslinien aus dem Halbkreise gezogen sind, während die nächstinneren Glieder einen Spitzbogen bilden. Wahrscheinlich haben wir eine missverstandene Correctur Wohlgemuth's vor uns, welcher auch die Vermauerung angeordnet hat. Der obere Aufbau des Thurmes, über welchen sich ein in Wien befindlicher alter, jedoch nicht ins Maass gesetzter Riss erhalten hat, ordnet sich zwar in den Hauptlinien dem Chorbau an, zeigt jedoch eine viel flachere Gliederung. Einzelne Theile, wie das Maasswerk des Uhrfensters gehören eher der Renaissance als Gothik an; zweifelsohne Arbeiten des Wohlgemuth, welchem man auch die abenteuerliche Decoration des offen gebliebenen Fensterbogens am südlichen Kreuzarme, ein Wahrzeichen Prags, verdankt.

III. THEIL.
DIE PORTRAIT-GALLERIE UND DIE PLASTISCH-MALERISCHE AUSSTATTUNG DES DOMES.

Die Bildhauerkunst war in Böhmen von jeher bedeutend hinter der Bauthätigkeit zurückgeblieben und scheint überhaupt, soweit wir nach den auf uns gekommenen Denkmalen ein Urtheil fällen können, nur in einzelnen Klöstern betrieben worden zu sein. Eine eigentliche Bildhauerschule mit entschiedenem Gepräge entwickelte sich erst durch das Eingreifen des Dombaumeisters Peter, welchem sich nach einiger Zeit die Erzgiesser Georg und Martin Clussenberg anschlossen. Die bildnerische Thätigkeit Peters wird nicht allein durch Manier und Uebereinstimmung der Arbeiten, sondern auch durch vielfache geschichtliche Belege und angebrachte Monogramme sichergestellt. Neben der schon genannten mit Recht gepriesenen Wenzelsstatue, welche durch Peters Handzeichen als Werk seiner Hand documentirt ist, gingen aus derselben Werkstätte hervor die im Prager Dom befindlichen mit Figuren ausgestatteten Fürstengräber, die Bildnisse der Domstifter und zahlreiche einzelne Skulpturen, deren Aufzählung späterhin folgen wird.

Die Gallerie der Bildnisse ist nicht allein hochwichtig als geschichtliche Urkunde, sondern zeichnet sich unter den Werken des vierzehnten Jahrhundertes durch ein in Deutschland bisher nicht bekanntes, höchst sorgfältiges Naturstudium aus. Man zählt der Portraits einundzwanzig, welche hier in jener geschichtlichen Reihenfolge angeführt werden, wie sie in den Dombau eingegriffen haben.

Die sämmtlichen Bildnisse sind bemalt und es geschah die farbige Ausstattung mit grossem Geschick. Die Altersreihe beginnt mit:

1. Johann von Luxemburg, König von Böhmen. Er ist dargestellt als Mann von etwa 45 Jahren, mit etwas harten, durchgefurchten Zügen: die Blindheit, welche ihn betroffen, ist mehr in der vorwärts gebeugten Haltung und dem Ausdruck, als in den Augen angedeutet. Der König trägt eine reifartige Krone, hat lang herabfliessendes dunkelblondes Haar und einen sorgfältig gepflegten Vollbart. Der Kopf ist ungewöhnlich klein und hager, verräth eine schlanke, etwas über mittelgrosse Statur und grosse Beweglichkeit, man sieht, dass der Mann einst schön war. Die über der Büste befindliche Inschrift lautet:*)

Johannes fil. henrici . imperator .
comes lutzenburgen . rex boemie
VIII^{us} duxit elizabeth filiam
regis Wenzeslai . hic moritur in
bello in francia per regem anglie . A.
d. MCCCXLVI. die ruffi . hic
fundavit monasterium carthusiense
prope pragam.

Die Wappen von Böhmen und Luxemburg sind neben dem Bilde angebracht; gegenüber am anderen Pfeiler befindet sich das Portrait seiner Gemalin, der letzten Přemyslidin:

2. Elisabeth von Böhmen. Sie hat starke Backenknochen, dunkle Gesichtsfarbe, schwarze Augen und solche Haare, auch im Verhältniss zu ihrem Gemahl einen etwas grossen Kopf. Die Züge sind nicht unangenehm und lassen eine Frau von circa 36 Jahren erkennen. Die Dame sieht (wie Dr. Ambros in seinem schon angeführten Werke bemerkt) hausmütterlich und ehrenfest aus. Unter der Krone trägt sie eine gefältelte Haube und ist bis an das Kinn verhüllt. Die Wappen sind dieselben, wie beim König Johann, darüber die Inschrift:

Elizabeth regina boemie . mater
illustrissimi principis dm. Karoli
romanorum et boemie regis . obiit
in die sanctorum cosme et damiani
martirum.

Das Todesjahr 1330 anzugeben ist vergessen oder durch Zufall ausgelöscht worden. Da die Königin lange vor Ausführung der Büsten verstarb, dürfte ihr Bild nach einer Münze gefertigt worden sein.

3. Karl der Vierte, römischer Kaiser. Das Bild stimmt bis auf die kleinsten Züge mit den in Karlstein befindlichen Portraits überein und ist

---

*) Die Inschriften wurden im Jahre 1857 auf Veranlassung des rühmlichst bekannten Archäologen, P. F. Bock, Domcustos in Köln, mit Hilfe von chemischen Mitteln in soweit aufgefrischt, dass genaue Abschriften genommen werden konnten. Diese Abschriften wurden hier zu Grunde gelegt und kleine Abweichungen in den verschiedenen Lesarten durch eigene Untersuchungen berichtigt. Bei sorgfältiger Befeuchtung mit einer Dunstspritze sind die meisten Schriften noch heute lesbar.

sicherlich nach der Natur modellirt. Man erkennt die Familienähnlichkeit mit Vater und Mutter, deren Züge in Karl verschmolzen sind. Die Krone ist zerbrochen, nach den herabfallenden Infuln war es die deutsche Kaiserkrone und der Reichsornat, in welchem der Kaiser sich abbilden liess. Sein Gesicht ist voll und er zeigt einen heiteren Ausdruck, die Haare sind bereits dünn und hängen schlicht herab, die Wangen glatt rasirt, der Bart am Kinn und über der Oberlippe voll und schön geordnet. Dass dem lächelnden Gesichte auch der Ernst nicht fremd sei und hinter der rundgewölbten Stirne mancherlei Gedanken lagern, ist trefflich angedeutet. Die nebengestellten Wappen sind der schwarze einfache Reichsadler im goldenen Feld und der böhmische Löwe. Die Inschrift ist sehr umfangreich:

Karolus IIII Imperator romanorum et
boemie rex . b. fundavit novam pragen. ecclesiam
de sumptioso ope . ut aparet . ac sumptibus
propriis laboravit . b. et impetravit a sede
apostolica ecclesiam pragensem erigi in metropolitanam
per Clementem papam VI. et archiepiscopum legatum apostolice
sedis fieri paravit . per domin. Urbanum V^{um} collegium omnium sanctorum in castro
et mansionariorum in curia pragensi
instituit et dotavit studium pragense .
instituit pontem novum p' multaviam laborari
precepit amator cultus divini et cleri . pragens.
morit. prage . A. d. MCCCLXXVIII die
penultima novembris etatis sue an. LXIII.

4. Margaretha Blanca von Valois, erste Gemahlin des Kaisers, Tochter des Karl von Valois. Sie wurde in ihrem siebenten Jahre mit dem achtjährigen Prinzen Karl vermählt und starb am 1. August 1348 im 31. Lebensjahre. Ihre Büste zeigt feine regelmässige Gesichtsbildung, dunklen Teint und vornehme Haltung. Schön geflochtene Zöpfe umgeben die Wangen und ein unter der Krone herabfliessender Schleier umgibt den Hals.

Wappen sind die französischen weissen Lilien im blauen Feld und der böhmische Löwe.

Inschrift: Margareta dicta blanczie romanorum et
boemie regina illustrissima q. construxit
et dotavit altare s. lodovici regis francie
in choro novo s. m. (sanctae Mariae) in ecclesia pgen. que
etiam donavit dicte ecclesie cortinas
nobilissimas de axemito rubeo et albo
cum armis diversis auro sutis
et alias strifeas sericeas preciosas
cum casula bona . obiit in die s. pet. ad vincla.

5. Arnest von Malovec, genannt von Pardubic, erster Erzbischof von Prag, zugleich Minister des Kaisers. Ein schönes, nobles Gesicht mit klugen wie in der Zukunft lesenden Augen und feingeschnittenem Mund. Die Mitra ist zerstört und in neuester Zeit ist auch der Kopf beschädigt worden, doch ist der Diplomat und Gelehrte noch immer zu erkennen. Arnest sowohl wie alle übrigen in der Gallerie vorkommenden Geistlichen sind bartlos dargestellt. Die Wappen sind ein weisses Pferd im rothen Feld und das Domcapitelwappen. Die Ueberschrift lautet:

Arnestus primus archiep. pragen. fundavit et
dotavit ac perfecit ad plemum monasterium ste .
marie canonicorum regularium in glacz . item monasteria ejusdem
ordinis zatzka et in rokiczano ac hospitale in broda boemi
cali . fundavit perfecit et dotavit b. morit . in rudnitz a. D.
MCCCLXIIII die ultima mensis iunii . sepultus
in glacz . primus officium correctoris ad reprimendam
insolentiam clericorum instituit.

6. Johann Heinrich von Tirol, Kaiser Karls Bruder, Gemahl der Margaretha Maultasche. Die Aehnlichkeit mit dem Kaiser ist auffallend, doch ist das Gesicht bedeutungsloser. Die Wappen sind dieselben wie bei Karl's Büste.

Inschrift: Johannes fr. Karoli marchio
moravie morit . A. d. MCCC
LXXV. die XII mensis novembr
hic construxit monasterium
fratrum hermitarum in brunna
ibidem sepult. ite . monasterium
Cartusien prope brunna .

7. Wenzel, Graf und Herzog von Luxemburg, Sohn des Königs Johann und seiner zweiten Gemahlin Beatrix von Bourbon. Auch in diesem Gesichte tritt die Familienverwandtschaft hervor, wenn auch in etwas modificirter Weise. Herzog Wenzel ist ein auffallend schöner Mann, zierlich geputzt, mit geringelten Locken, gedrehtem Bart und jugendlichen Zügen. Die Wappen sind wie bei seinem Vater. Die Inschrift ist entweder vom Schreiber nicht vollendet oder absichtlich zum Theile ausgelöscht worden, man liest:

Dns Wenceslaus dux
luczemburgensis et brabancie
frater Karoli . et Iohannis marchionis
moravie . hic morit . anno
dni MCCCLXXX. sepultus.

Welche Verdienste sich Johann von Tirol und Wenzel von Luxemburg um den Dom erworben, ist nicht bekannt; wahrscheinlich haben sie Altare gestiftet.

8. Busko, erster Dombaudirector,

9. Holubec, zweiter Dombaudirector, und

10. Mathias, erster Dombaumeister, deren Inschriften schon angegeben wurden.

11. Anna von der Pfalz, zweite Gemahlin des Kaisers, vermählt 1349, gest. 1353. Ein nettes Weibchen, voll und rund, in der ersten Jugendblüthe. Sie ist hellblond und ihre aufgelösten reichen Haare fallen in üppigen Wellen auf Hals und Busen hernieder. Das mit einem Stumpfnäschen ausgestattete Gesicht ist lieblich und hat einen sehr gutmüthigen Ausdruck.

Die Büste ist überschrieben:

Anna romanor. et boemie regina que
construxit et dotavit altare s. nicolai
in medio chori s. m. (sanctae mariae) in ecclesia pragensi
que etiam donavit ecclesie predicte duas
casulas cum perlis solempnissimis
coronam que suam pro decore sepulchri
beatissimi Wenz. martiris pie donavit
cum cortinis came. (?) suo . obiit in
purificatione ste. marie.*)

Die Kaiserin Anna von der Pfalz wird von den Schriftstellern als ausgezeichnet fromm und liebenswürdig geschildert, neben den genannten Schenkungen war sie unablässig für die Verschönerung des Domes besorgt. Wappen: die bayerischen Rauten und der böhmische Löwe.

12. Anna von Schweidnitz, dritte Gemahlin des Kaisers. Ein Gesicht von ungewöhnlicher Schönheit, geistreich und von aristokratischem Schnitte. Der schlanke Nacken wird von lichtbraunen Haaren eingerahmt, welche, wie bei ihrer Vorgängerin, aufgelöst herniederfliessen. Das Incarnat ist zart, die Gestalt war allem Anscheine nach hoch und fein gebaut, ganz in Harmonie mit dem schönen Gesichte. Die Inschrift ist nicht allein auffallend ungenau und kurz, sondern offenbar verstümmelt, indem weder das Herkommen als Gräfin von Schweidnitz und Jauer, noch das Todesjahr angegeben werden.

Anna de bosna . de regno
dalmacie . mater domini
Wenczeslai regis . romanorum
et boemie.

Das in der Katharinenkapelle zu Karlstein angebrachte Bild dieser Kaiserin zeigt dasselbe feine Profil und denselben schlanken Nacken, wie die Büste; auch ein in der Wenzelskapelle vorfindliches Portrait stimmt, obgleich übermalt, hiemit überein.

13. Peter von Schwäbisch-Gmund, zweiter Dombaumeister,

14. Benesch von Weitmühl, dritter Dombaudirector.

15. Andreas Kotlik, vierter Dombaudirector. Die Inschriften dieser Büsten sind bereits mitgetheilt worden.

16. Elisabeth von Pommern-Stettin, des Kaisers vierte Gemahlin, vermählt 1368, gest. 1393. Sie ist die Mutter des Königs Sigismund und des Herzogs Johann von Görlitz, der späteren Söhne des Kaisers. Auch ihre Haare sind aufgelöst, üben jedoch nicht gleichen Zauber, wie bei den vorhergehenden Kaiserinnen, denn das Gesicht kann weder jugendlich noch angenehm genannt werden. Die Dame war wegen ausserordentlicher Körperkraft berühmt, sie konnte Hufeisen zerbrechen und Silberstücke ohne Mühe krummbiegen. Diese

---

* Das Todesjahr ist nicht angegeben. Das abbreviirte Wort „came" darf ohne Anstand als camera gelesen werden; die Kaiserin schenkte die kostbaren Vorhänge ihres Gemaches der Wenzelskapelle.

seltene Stärke wird auch im Bilde durch ein breites Kinn und kräftigen Knochenbau ausgedrückt. Wappen sind der rotho preussische Greif und der Reichsadler.

Die Inschrift lautet:

Elizabet de stetina filia ducis
bohuslai . mater sigismundi
regis ungarie et marchionis
brandebuges . Johannis ducis
Gorlicen. et anne regine
anglie.

Die Büsten des Kaisers und seiner vier Gemahlinnen, des Königs Johann und der Königin Elisabeth, dann der kaiserlichen Brüder Johann und Wenzel dürften schon bei Lebzeiten Karl IV. bald nach 1370 aufgestellt worden sein.

17. Johann Oczko von Wlaschim, zweiter Erzbischof von Prag, Reichskanzler und Cardinal. Wie bei seinem Vorgänger Arnest erkennt man den hohen Kirchenfürsten und Diplomaten: das feine Lächeln in dem klugen und wohlwollenden Gesichte ist trefflich wiedergegeben. Das Wappen der Herren von Wlaschim, zwei Geierköpfe im goldenen Feld und das Domcapitelwappen, ein goldener Balken im schwarzen Feld, stehen nebenan. Die Inschrift:

Johannes sds. archieps. pgen. primus legat. dotavit
altaria ste marie in capella omnium sanctorum . sanctorum erhardi
et otilie in ecclesia pragense. Item construxit dota
vit hospitale . ste. marie sub wissegrado. Item
hospitale sti. Anthonii et ste. Elizabeth in
hradczano . pro clericis pauperibus in funus hic moritur.
Anno dm. MCCCLXXX.
die XII. mensis Ianuarii . orate pro . . . .

18. Wenzel IV., römischer und böhmischer König. Ein schwammiges Gesicht, unentschieden ob's ein Knabe oder Mädchen werden soll, wie König Wenzel auch auf anderen Bildern dargestellt ist. Die Haare sind ziemlich kurz, die Augen gross und sanft, der Ausdruck so weiberhaft, dass man sich nicht wundern darf, wenn diese Büste mit dem Bilde der Königin Johanna öfters verwechselt wurde. Von der Luxemburg'schen Familienähnlichkeit ist in Wenzels Gesicht keine Spur aufzufinden, wohl aber kann man bei Betrachtung dieser sinnlichen Formen begreifen, dass der Träger in späteren Tagen ausartete. Wappen sind der Reichsadler und böhmische Löwe. Die Inschrift ist in Anbetracht, dass sie unter der Regierung dieses Königs geschrieben wurde, auffallend kurz:

Wenzeslaus primus romanorum
et boemie rex . comes luczenburgen.
natus serenissimi principis . dmi
Karoli IIII. romanorum imperatoris.

19. Johanna von Bayern, erste Gemahlin des Königs Wenzel, vermählt 1370, gestorben 1386. Eine schöne, etwas volle, blonde Frau mit angenehmen gutmüthigen Zügen. Sie trägt gleich den Kaiserinnen aufgelöste, herabwallende

Haare und ist mit einem einfachen Reif bekrönt.*) Wappen: die bayerischen
weissblauen Rauten und der böhmische Löwe. Die Inschrift:

> Johanna romanorum et boemie regina
> illustrissimi . domini albti (Alberti) ducis
> holandrie . filia . uxor prima
> seronissimi principis . dmi. Wen.
> romanor. et boemie regis . obiit
> A. d. MCCCLXXXVI. in vigilia
> circumcisionis dm.

20. Johann von Jenstein, dritter Erzbischof von Prag. Das Gesicht ist
fleischig und spricht nicht die Energie aus, welche dieser Prälat im Streite
mit dem König entwickelt hat. Er war ein naher Verwandter des Erzbischofs
Oczko, entstammte demselben Geschlechte der Herren von Wlaschim und führte
dieselben Wappen. Die Ueberschrift lautet:

> Johannes tertius archiep.
> prgens. apostolice sedis legatus
> scds. (secundus) olim. episc. misnens. hic . re
> dificavit castrum Keisperg (Geiersberg) cum
> magnis muris et turrim forti .
> . . . . fundavit.

21. Wenzel von Radecz, fünfter Baudirector, der muthmassliche Verfasser der Inschriften, dessen in der Baugeschichte gedacht worden ist.

Es fällt auf, dass in dieser Reihenfolge die erste Gemahlin des Königs
Wenzel IV. ausdrücklich unter dieser Bezeichnung angeführt ist, und nicht
auch die zweite: dann fehlen die kaiserlichen Prinzen Sigismund und Johann,
obwohl dieselben in der Inschrift ihrer Mutter der Kaiserin Elisabeth genannt
werden. Aus diesem erhellt, dass die Gallerie rings um den Dom fortgeführt
werden sollte, die Auswahl der ersten Personen aber vom Kaiser Karl selbst
getroffen worden sei.

Nun frägt sich, um welche Zeit die Aufstellung dieser Büsten geschehen
und wer der Verfertiger gewesen sei?

Dass die Anordnung unmittelbar von Kaiser Karl ausgegangen, ergibt
sich aus den zahlreichen Vorkommnissen und aus der örtlichen Eintheilung,
welche zum Verständnisse des Ganzen unumgänglich nothwendig ist. Die
Reihenfolge beginnt in der Mitte des fünfseitigen Chores mit den Bildnissen
des Kaisers Karl und seiner vierten Gemahlin Elisabeth. Die Büsten sind lebensgrosse Brustbilder, hoch erhaben gearbeitet, so dass die Köpfe in voller Run-
dung aus den Wandflächen vortreten, als schauten sie zu einem Fenster heraus;
sie sind oberhalb der Durchgänge, welche durch die sechs Polygonpfeiler und
gegenüberstehenden je drei geraden Wandpfeiler führen, so eingepasst, dass sie der

---

*) Bei feierlichen Gelegenheiten, z. B. Huldigungen, Krönungen und Umzügen trugen die
Damen höchsten Ranges damals stets aufgelöste Haare, wie die Chronisten ausdrücklich
bemerken. Im Votivbild der Wenzelskapelle wie in der Mosaik über dem Porticus sind
die Kaiserinnen Anna von Schweidnitz und Elisabeth von Stettin mit herabhängenden
Haaren und im Krönungsornate abgebildet.

Pfeilermasse angehören. Das Bild des Kaisers befindet sich auf der rechten oder Epistelseite, das der Kaiserin steht links. An den Kaiser reihen sich an (stehen daher an der rechten Seite) Johann von Luxemburg und seine Gemahlin Elisabeth von Böhmen, König Wenzel IV. und seine Gemahlin Johanna von Bayern, die drei ersten Erzbischöfe und die beiden ersten Baudirectoren; zusammen 10 Bilder.

An die Kaiserin Elisabeth reihen sich an und sind an der linken Seite befindlich: Margaretha Blanca von Valois, Anna von der Pfalz, Anna von Schweidnitz, die drei verstorbenen Gemahlinnen des Kaisers, Johann von Tirol und Wenzel von Luxemburg, des Kaisers Brüder, die Baudirectoren Weitmühl und Kotlik, die Dombaumeister Mathias und Peter, endlich Wenzel Radecz, der fünfte und letzte Baudirector, zusammen 11 Büsten.

Die Verfügung, dass Beatrix von Bourbon, König Johanns zweite Gemahlin und Stiefmutter des Kaisers, in der Gallerie übergangen, aber ihr Sohn Wenzel von Luxemburg aufgenommen wurde, konnte nur von Karl IV. selbst getroffen worden sein, da der Kaiser gegen die zweite Verheiratung seines Vaters eingenommen war. Weder König Wenzel noch irgend einer von den damaligen Wortführern hätte eine solche Vernachlässigung sich zu Schulden kommen lassen, da Königin Beatrix in der am 23. October 1341 von König Johann errichteten Schenkungsurkunde ausdrücklich als Mitstifterin des Domes vorkommt. Auch fällt auf, dass König Johann in der neben seinem Bilde stehenden Inschrift nur als Gründer des Karthäuserklosters und nicht zugleich des Domes genannt wird, dass ferner mehrere Inschriften, namentlich die neben den Bildern Karls, seiner Mutter Elisabeth und des Königs Wenzel IV. Huldigungen enthalten, welche offenbar dem Kaiser gewidmet sind, ein Beweis, dass die Anlage der Gallerie bereits in den letzten Regierungsjahren Karls beschlossen und ein Concept der Inschriften vorbereitet worden ist. Es wird daher nicht gewagt sein, wenn man dem Kaiser Karl die Urheberschaft und dem Historiographen Weitmühl einige Betheiligung zuschreibt.

Endlich erforderte die Ausführung einer so grossen Anzahl von Brustbildern, an welche sich noch viele in der Höhe des Triforium befindliche Sculpturen anschliessen, eine geraume Zeit, um so mehr, als die sämmtlichen Gebilde in der Hauptsache von einem einzigen Künstler durchgeführt scheinen. Man kann daher nicht, wie die früheren Berichterstatter Dr. Senff und Legis-Glückselig wollen, ein bestimmtes Aufstellungsjahr bezeichnen, sondern es erfolgte die Vollendung und Einfügung der Büsten allmälig und dürfte, da die Kaiserin Elisabeth als Frau von etwa 30 Jahren dargestellt ist, die Frauen zu keiner Zeit, älter als sie sind, aussehen wollten und sich nicht wohl jünger darstellen lassen, zwischen 1370 und 1375 begonnen worden sein. Die meisten Köpfe verrathen sorgfältiges Naturstudium und sind nach dem Leben modellirt, was insbesondere von den später auftretenden Personen gilt. Die am geistreichsten durchgeführten Portraits sind: die Männerköpfe von Karl IV., Wenzel von Luxemburg, Arnest, Oczko, Radetz und Peter Arler. Unter den Frauenbüsten zeichnen sich aus: Anna von der Pfalz, Anna von Schweidnitz und Blanca.

Bei Untersuchung der Frage, welche Künstler sich an der Herstellung dieser Bildwerke betheiligt haben, ergibt sich zur Evidenz, dass neben dem

Meister Peter ein ausgezeichneter Portraitmaler mitgeholfen habe und zwar ein angesehener Künstler, welcher mit den dargestellten Persönlichkeiten Umgang pflegte und der schon zur Zeit der Domgründung am Hofe lebte. Die auf uns gekommenen Urkunden nennen nur drei Fachmänner, welche die erforderlichen Eigenschaften besitzen konnten, nämlich die kaiserlichen Maler Theodorich, Kunz und Niklas Wurmser. Von diesen wird Kunz in dem Verzeichnisse der Bruderschaft von 1348 als königlicher Maler und Aeltester genannt, scheint aber bald nachher verstorben zu sein, weil sein Name im nächstfolgenden Todtenregister vorkommt.*) Von den Werken des Kunz lässt sich keines nachweisen, wahrscheinlich war er nach damaligem Gebrauche ein Madonnamaler. Ueber das Wirken des Malers Theodorich oder Dietrich besitzen wir genaue Kunde durch den erhaltenen kaiserlichen Gnadenbrief vom Jahre 1367 (abgedruckt bei Pelzel), welchem zufolge er die Kreuz- oder Königskapelle in Karlstein ausgemalt hat.**) Theodorich ist im entferntesten kein Portraitmaler, er zeichnet alle Köpfe mit übertriebenen Detailformen, ohne sich um den anatomischen Bau zu bekümmern und sucht mehr durch Farbe als Zeichnung zu wirken. Dieses Streben, welches der Künstler auch in seinen zu Mühlhausen am Neckar um 1380 ausgeführten Arbeiten einhüllt, wie eine eigenthümliche Verblasenheit der Formen und wollige Behandlung der Haare unterscheidet ihn so auffallend von den übrigen Malern des Jahrhunderts, dass seine Betheiligung bei einem durch scharfe und correcte Zeichnung hervorragenden Werke undenkbar wird. Es bleibt daher nur Wurmser, dessen Thätigkeit zu Prag schon um 1340 beginnen dürfte, da er auch vor seinem Rivalen Theodorich vom Kaiser mit Gnadenbriefen bedacht wird und zwar in den Jahren 1359 und 1360. Wurmser oder magister Nicolaus de Argentina, wie er urkundlich genannt wird, war ein ausgezeichneter Bildnissmaler, von welchem unter anderen das in Karlstein mehrmals angebrachte Bild des Kaisers und das wunderliebliche Portrait der Kaiserin Anna von Schweidnitz in der dortigen Katharinenkapelle herrühren. Die beiden kaiserlichen Diplome konnte Wurmser nur wegen Ausmalung der Karlsteiner Marienkirche erhalten haben, da dieselbe kurz vorher eingeweiht worden war und in der Katharinenkapelle noch gearbeitet wurde.***) Wie man bei eingehender Untersuchung die in der Kreuzkapelle

*) S. die schon angeführten Materialien zur Statistik Böhmens. III. 6. pag. 119 ff.
**) Die Ausmalung dieser Kapelle wird in der Urkunde mit den Worten angeführt Carolus Quartus etc — Notum facimus tenore presentium universis. Quod advertentes artificiosam picturam et solemnem Regalis nostre Capelle in Karlstein, qua fidelis nobis dilectus Magister Theodoricus, pictor noster et familiaris ad honorem omnipotentis Dei et inclytam laudem nostrae dignitatis Regie praedictam Capellam tam ingeniose et artificaliter decoravit, etc. etc.
***) Die Diplome nennen keine bestimmte Arbeit, weshalb Wurmser ausgezeichnet wird, doch lässt die Wortstellung des ersten Gnadenbriefes: „Dominus Imperator fecit graciam Magistro Nicolao dicto Wurmser de Argentina pictori suo propter hoc, ut ipse diligenciori studio pingat loca et castra, ad quo deputatus fuerit" etc. keinen Zweifel, dass der Künstler ein kaiserliches Schloss ausgeschmückt habe und noch mehrere dergleichen ausstatten sollte. Dieses Schloss konnte nur Karlstein sein, das erste, welches der Kaiser hat erbauen lassen.

ausgeführten Gemälde nur dem Theodorich zuerkennen wird, ebenso verrathen auch die Malereien in der Marienkirche und der damit zusammenhängenden Katharinenkapelle eine und dieselbe Hand. Hier ist nun das erwähnte Bild der Kaiserin Anna von Schweidnitz besonders aufschlussgebend, weil es nicht allein in den Zügen und der Haltung, sondern in den einzelnen Haarpartien genauest mit den beiden im Dome befindlichen Portraiten, der Steinbüste und dem in der Wenzelskapelle angebrachten Gemälde zusammenstimmt. Wurmser war es, welcher dem Meister Peter bei Anfertigung der Galleriebilder beigestanden; dass diese beiden Künstler zusammenwirkten, geht zum Theil auch aus dem Umstande hervor, dass ihre Namen im Bruderschaftsverzeichnisse fehlen. Auch Tomaso da Mutina und noch ein zweiter italienischer Maler, welcher damals in Prag beschäftigt war, ferner die Erzgiesser Georg und Martin Clussenberg, wie auch die Verfertiger des grossen Mosaikbildes über dem Südportal des Domes werden vergeblich unter den Mitgliedern der Lucasbruderschaft gesucht. Demnach scheint zwischen den Künstlern, welche am Dome mitarbeiteten, und den Lukasbrüdern, deren Vorsteher Theodorich war, eine dauernde Spannung bestanden zu haben. Die Italiener mögen bald in ihre Heimat zurückgekehrt sein, denn Mutina stattete um 1355 den Capitelsaal der Dominikaner in Treviso aus und verstarb in dieser Stadt. Von diesen italischen, der Schule Giottos wenigstens mittelbar angehörenden Künstlern hat Wurmser sich viele Principien angeeignet, ohne jedoch seine deutsche Eigenthümlichkeit aufzugeben und gelangte auf diesem Wege zu einer in Deutschland bis dahin unerhörten Meisterschaft. Er kannte den König Johann, die Kaiserinnen Blanca von Valois und Anna von der Pfalz, die beiden Directoren Busko und Holubecz und den Baumeister Mathias aus eigener Anschauung und hatte hinlängliche Gelegenheit, von diesen Personen Portraits zu fertigen. Als Peter, der zweite Dombaumeister, in Prag eintraf, waren die obgenannten Personen längst verstorben und es muss bezweifelt werden, dass er je eine derselben gesehen habe; es wäre ihm daher ohne ausgiebige Hilfe eines zweiten Künstlers unmöglich gewesen, so äusserst naturwahre Bildnisse auszuführen. Dass aber die Ausführung in Stein grösstentheils durch Meister Peter und in der Bauhütte besorgt worden sei, ergibt sich aus der gleichmässigen Behandlung der Büsten und übrigen Sculpturen. Hier gewähren nun zwei mit dem Handzeichen (Monogramm) Peters versehene Arbeiten, nämlich das eigene Bildniss des Meisters und die 6 Fuss hohe in Sandstein ausgeführte Statue des heiligen Wenzel die wichtigsten Anhaltspunkte, da leider die in der Inschrift angeführten durch den Dombaumeister verfertigten Chorstühle zerstört worden sind. Anderweitige bemerkenswerthe plastische Werke in der Höhe des Trisoriums befinden sich an den Fensterleibungen der Aussenseiten, ebenfalls Büsten, die böhmischen Landespatrone darstellend. Neben dem Mittelfenster des Chores, wo innerhalb die Bildnisse des Kaisers Karl und seiner Gemahlin Elisabeth angebracht sind, sieht man ausserhalb Christus und Maria in etwas überlebensgrossen Brustbildern. An diese reihen sich zur Rechten und Linken an: S. Cyrill und Methud, S. Sigismund und Veit, S. Wenzel und die heilige Ludmilla, S. Adalbert und Prokop. Diese Bildwerke stehen in den fünf Fensternischen des Polygons, an den übrigen Fenstern kommen Larven und Thiergestalten vor. An den beiden ersten Pfeilern der Nord- und Südseite, durch welche man in das Triforium und zu den Portraitbüsten eintritt, hat der Künstler seinen Humor nach Herzenslust schalten lassen, und an der Nordseite ein besonders garstiges Fratzenbild, an der Südseite einen Kampf zwischen Hund und Katze dargestellt. Man kann das letztere sehr lebendige Bildwerk nicht ohne Lächeln ansehen: der Hund hat die Katze überrumpelt und niedergeworfen, diese aber bedient ihn von unten herauf mit ihren Krallen dergestalt, dass der kühne Angreifer jämmerlich zu heulen beginnt. Die tölpelhafte Manier des Hundes und das listige Wesen des sich vertheidigenden Kätzleins bezeugen, dass der Bildhauer nach allen Seiten hin tüchtige Studien gemacht habe. Am Eingang in die Wenzelskapelle sind ferner zwei sculptirte Knäufe angebracht, welche erwähnt zu werden verdienen. Sie stehen zu einander in Beziehung und scheinen eine Anspielung auf die Versuchung Christi zu enthalten: links der Heiland in mahnender Stellung, hinter ihm eine Teufelslarve, rechts ein Jüngling, der vom Satan erfasst wird. Ferner haben wir zwei alte Altartische zu verzeichnen, deren Vorderseiten durch Reliefs und spitzbogige Felder geschmückt sind. Der eine dieser Altäre wurde von Herzog Rudolf dem Aelteren von Sachsen († 1356) in der nach ihm benannten Sachsenkapelle gestiftet und zeigt im Mittelfelde als Votivbild den Herzog, der vor dem heil. Adalbert kniet, die Nebenfelder enthalten die sächsischen Wappen und Embleme. Der zweite, ebenfalls ein Votivaltar, enthält im Mittelfelde die sitzende Figur der heil. Katharina, rechts und links daneben die Donatoren. Die meisten Sculpturen bestehen aus feinkörnigem Weissenberger Stein (opuka), nur das Grabmal des Erzbischofs Johann von Wlaschim aus Marmor, die Tumba aus rothem, die Figur aus weissem dem Anschein nach böhmischen Marmor.

Endlich haben wir noch die Grabmäler der altböhmischen Fürsten anzuführen, welche Kaiser Karl um 1370 herstellen liess. Alle haben Tumbenform und auf jeder Deckplatte ist der Entschlafene in überlebensgrosser ganzer Figur dargestellt. Portraitähnlichkeit darf man hier nicht suchen, die meisten der Gestalten sind erfunden und nur hie und da, z. B. bei dem Bilde Ottokar des Zweiten, scheinen Münzen benützt worden zu sein. Diese Figuren stehen, wie es nicht anders zu erwarten ist, an Kunstwerth bedeutend den Bildnissen im Triforium nach und sind einigermassen nach gleicher Schablone gearbeitet; doch erkennt man in der allgemeinen Anordnung wieder denselben Meister, welcher, im Falle er sich an die Natur halten kann, immer sorgfältige Durchbildung einhält. Dieses beweist das um 1380 ausgeführte Grabmal des Erzbischofs Johann Oczko mit der darauf angebrachten Portraitstatue. Das Gesicht gleicht auffallend der im Triforium aufgestellten Büste, obwohl Oczko auf dem Grabstein etwas älter gezeichnet ist. Diese Sculptur gehört zu den gelungensten, welche der Prager Dom aufzuweisen hat. Uebrigens darf nicht unerwähnt bleiben, dass Peter Arler als Bildhauer auch ausserhalb Prags thätig war; er verfertigte urkundlich im Jahre 1380 zu Breslau eine Grabplatte für den Bischof Przeslaus Pogrella mit Portraitfigur und bearbeitete wahrscheinlich bald nachher die am Untertheil der Kuttenberger Barbarakirche vorkommenden Statuen. Seine Gewandtheit als Ciseleur und Graveur hat er in einem mit seinem Monogramm versehenen Reliquiar, einer Zierde des Prager Domschatzes, bewährt.

3*

In der besprochenen Wenzelsstatue wie den Figuren auf den Fürstengräbern hat sich Arler von der üblichen gothischen Manier, die Leiber etwas zu verlängern und ihnen durch einen gezierten Schwung Lebendigkeit zu verschaffen, nicht frei halten können; in seinen Büsten und der Natur entnommenen Gebilden hingegen tritt er durchaus selbstständig auf und überflügelt in Bezug auf Formensinn und Schärfe des Ausdruckes alle Bildhauer der deutsch-gothischen Periode. Der Steinbildner Peter hat vielleicht mehr geleistet als der Architekt, und wie Michel Angelo in späterer Zeit seine schönsten Lorbeeren nicht in seinem Hauptfache gepflückt hat, so erging es auch dem Prager Dombaumeister. Auch theilt er mit dem grossen Florentiner die Eigenschaft, in baukünstlerischer Hinsicht mehr durch Kühnheit der Construction als Formendurchbildung zu glänzen.

Einzelne Reste von Wandgemälden kommen in mehreren Domkapellen vor und dürften deren noch einige aufgedeckt werden; ein zusammenhängender Cyclus scheint nur in der S. Wenzelskapelle bestanden zu haben. Hingegen wurden im Verlaufe der gegenwärtigen Restauration viele Spuren farbiger Decorationen aufgefunden, ein Zeichen, dass die ganze Kirche auf solche Weise geschmückt werden sollte. Glasmalereien scheint der Dom nicht viele und nur kleinere besessen zu haben, doch verblieben nicht die mindesten Reste, da bei der im Jahre 1729 erfolgten Heiligsprechung des Johannes von Nepomuk der ganze Dom neu mit schönen hellen Scheiben (wie es in einem Berichte heisst) verglast wurde. Erzbischof Arnest hat die aus seinen Mitteln erbaute, im Jahre 1352 eingeweihte Antoniuskapelle mit Glasgemälden ausstatten lassen, auch waren die Fenster der Wenzelskapelle mit bunten Scheiben (eine deutlichere Bezeichnung fehlt) versehen. Diese dürftigen Nachrichten enthalten so ziemlich Alles, was sich über das Fach der Glasmalerei sagen lässt; einzelne Bruchstücke, welche in Karlstein vorkommen, beurkunden zwar eine anerkennenswerthe technische Meisterschaft, gehören indess dem kleinen Genre an und lassen keinen Vergleich ziehen, wie grössere Bilder durchgeführt sein mochten. Tieferes Verständniss zeigen einige in der Dechanteikirche zu Kolin erhaltene Bilderfragmente, deren eines den Tod der Maria nach alter Auffassung darstellt. Diese Bilder sind aus einzelnen Stücken färbigen und mattirten Glases zusammengestellt, die Schattirung geschah nur mit schwarzer aufgebrannter Farbe. Weder an Farbenpracht noch Anordnung mit den Chorfenstern zu Nürnberg, Köln oder Regensburg zu vergleichen, beweisen diese Reste immerhin, dass die Glasmalerei in echt kirchlicher Weise geübt wurde.

Zu den Wandgemälden der S. Wenzelskapelle zurückkehrend, wurde bereits angegeben, dass nur die untere, ebenerdige Bilderreihe und diese nur in überschmierter Weise erhalten geblieben sei. Die Malereien waren ursprünglich mit Temperafarben auf geschliffenem Kreidegrund ausgeführt und mögen schon vor dem Brande von 1541 stark verblasst gewesen sein: die Uebermalung geschah nach einer angebrachten Jahrzahl im Jahre 1614 mit Oelfarbe und breiten Pinselstrichen ohne sonderliche Berücksichtigung der zu restaurirenden Kunstwerke. Zum Glück hat sich die dicke Oelfarbe an vielen Stellen abgelöst und man erblickt einzelne Figuren frei von allen Unbilden, wie sie aus Wurmsers Hand hervorgegangen.

Die Darstellungen sind folgende:

1. Der Oelberg, ein grösstentheils roh überpinseltes Bild, an welchem nur die Figur des Heilandes in den Contouren erhalten blieb.

2. Gefangennehmung Christi, Judas verräth seinen Meister und Petrus zieht das Schwert gegen die herandrängenden Schergen. Die Neuerungen bewegen sich innerhalb der ursprünglichen Linien und schaden wenigstens der Composition nicht.

3. Christus vor Pilatus.

4. Christus an die Säule gebunden.

5. Die Dornenkrönung.

Diese drei Darstellungen der Figur Christi sind von Uebermalungen ziemlich frei geblieben; die Auffassung ist edel, die Zeichnung in grossen Linien gezogen und die Farbe, wo sie nicht zerstört wurde, von bewunderungswürdiger Klarheit.

6. Christus am Kreuz als Votivbild. Dieses höchst interessante Gemälde war seit mehr als hundert Jahren durch einen geschmacklosen Altar verdeckt und ist erst kürzlich wieder ans Tageslicht gebracht worden. Neben dem Gekreuzigten stehen Maria und Johannes in betender Stellung, hinter diesen knien zur Linken (des Beschauers) der Kaiser, rechts die Kaiserin. Zwischen den Edelsteinbelegen sind in etwas kleinerem Massstabe noch zwei Bilder von Kaiserinnen, gleichsam als Verklärte, angebracht. Welche von den vier Gemahlinnen Karls auf diesem Bilde als die lebende dargestellt ist, wäre unschwer zu verrathen, wenn auch die Darstellung nicht mit dem Portrait der Kaiserin Anna von Schweidnitz aufs Genaueste übereinstimmte. Auch die beiden Verklärten lassen einige Aehnlichkeiten mit den Büsten der Blanca von Valois und Anna von der Pfalz erkennen, welche Umstände darthun, dass dieses Gemälde vor dem 11. Juli 1362, dem Todestag der Kaiserin Anna von Schweidnitz, vollendet wurde. Die Anordnung des Crucifixes und der beiden Heiligen is die typische; die Gestalt des Kaisers dagegen und noch mehr die der Kaiserin Anna sind geistreich und frei gezeichnet. Nun folgt:

7. Die Kreuzigung zum zweitenmal. Hier steht das Crucifix allein, daneben sind auf beiden Seiten Inschrifttafeln angebracht, welche jedoch leer blieben. Wahrscheinlich sollte eine kurzgefasste Angabe der Kapellenstiftung in diesen Tafeln eingetragen werden.

8. Die Grablegung.

9. Die Auferstehung.

Auch diese Bilder sind leidlich erhalten, am besten die zweite Kreuzigung. Als eigenthümliche Auffassung des Crucifixes verdient Erwähnung, dass Christus in dem Votivbilde mit drei Nägeln ans Kreuz befestigt ist, in der folgenden Darstellung aber mit vier, jeder Fuss mit einem besonderen Nagel.

10. Die Himmelfahrt: die Composition lässt nur die Füsse Christi und den Saum des Gewandes im Bilde sehen, die Figur selbst wird als bereits über den Wolken stehend gedacht. Diese echt deutsche Darstellungsweise findet man auch in dem grossen Bildercyklus des Emauser Kreuzganges festgehalten, wie sie in älteren Holzschnitten getroffen wird.

11. Ausgiessung des Geistes, Pfingstfest. In diesem Bilde, wie in allen figurenreichen Compositionen erkennt man weniger die edle Einfachheit und grossartige Behandlungsweise des alten Meisters weil der kleine Maasstab der Figuren dem Restaurator allzu viele Gelegenheit bot, sein Talent glänzen zu lassen und die Umrisse zu verwischen.

Oberhalb der Gemälde zieht sich in den Zierbogen des Gesimses eine Reihe von gemalten Engelköpfen rings um die Kapelle, eine Anordnung, welche in der Katharinenkapelle zu Karlstein ebenfalls vorkommt. Von den wenigen im Dome vorfindlichen alten Tafelbildern ist fraglich, ob eines derselben ursprüngliche Stiftung ist. Die bedeutendste dieser Tafeln, das berühmte und hochverehrte Veronikabild gehörte dem Schlosse Karlstein an, wohin es nach dem von Pessina mitgetheilten Katalog von Kaiser Karl IV. war gebracht worden.[*] Das Gemälde besteht aus einem 23 Zoll hohen und 18 Zoll breiten Mittelbilde, einem auf Goldgrund gemalten, etwas byzantinisirenden Christusantlitz mit getheiltem Bart und lang herabfliessenden Haaren, ohne Angabe eines Halses, dann einem 2½ Zoll breiten, glatten Rahmen, auf welchem ebenfalls in Goldgrund Engels- und Heiligenfiguren angebracht sind. Der Kaiser soll dieses Kunstwerk während seines zweiten Römerzuges (1368—1369) erworben oder vom Papst als Geschenk erhalten haben.

Die Arbeit darf zwar unbedenklich einem italienischen Meister zugeschrieben werden, doch machen die auf dem Rahmen angebrachten Figürchen es im höchsten Grade unwahrscheinlich, dass das Bild in Rom oder Italien überhaupt gefertigt wurde. Es sind nämlich auf dem flachen Goldrahmen die Gestalten der böhmischen Landespatrone: Veit, Adalbert, Wenzel, Ludmila, Prokop und Sigismund in sorgfältig ausgeführten Miniaturbildern angebracht; der Rahmen aber bildet mit dem innern Gemälde ein eng verbundenes, schon vor dem Beginn der Malerei zu einem Ganzen vereinigtes Getäfel. Ob die kleinen Figuren, welche ihres sehr beschränkten Maasstabes wegen eine andere Behandlung erforderten als der lebensgrosse Christuskopf, von derselben Hand herrühren, wird sich weder beweisen noch absprechen lassen: jedenfalls ist die gleiche Malertechnik und Vergoldung sowohl im Mittelbild wie Rahmen eingehalten, das Werk mithin gleichzeitig erstanden. Da auch im Stifte zu Hohenfurt ein in derselben Weise gemaltes und umrahmtes Madonnabild mit dem verflochtenen Monogramm $\frac{T}{M}$ (Tomaso da Mutina) getroffen wird und die documentirten Mutinabilder im Belvedere zu Wien und Karlstein mit dem in Rede stehenden Veronikabilde in den meisten Beziehungen übereinstimmen, lässt sich kaum zweifeln, es sei das Bild in Böhmen durch einen der berufenen italienischen Meister angefertigt worden. Mutina gehört zu den bedeutendsten oberitalienischen Madonnamalern des 14. Jahrhunderts, welche sich durch zarten Farbenauftrag und tiefes Gefühl auszeichneten. Die Arbeiten des Vitale dalle Madonne und Lippo di Dalmasio wurden lange Zeit für Oelmalereien gehalten, was auch von Mu-

---

[*] Pessina, Phosphorus septicornis, p. 424 ff. „Effigies faciei Christi Domini, ex velo S. Veronicae depicta Romae, praesente Carolo IV. Imp. anno 1368."

tina's Bildern behauptet wurde, bis sie durch chemische Untersuchungen als Tem-
peragemälde erkannt wurden.

Eines der diesseits der Alpen seltensten Kunstwerke besitzt der Dom in
einem grossen dreitheiligen Mosaikbilde, das jüngste Gericht darstellend. Das
Bild befindet sich oberhalb des Porticus am südlichen Kreuzarme, ist mit Ein-
schluss der Randverzierungen 34 Fuss lang und in den Zwickeln 25 Fuss hoch,
nimmt daher einen Flächenraum von circa 800 Quadratfuss ein. Der Verfertiger ist nicht bekannt, das Werk wurde 1370 begonnen und in der unbe-
greiflich kurzen Frist von etwa zwei Sommern (bis 1371) vollendet. Benesch
von Weitmühl rühmt die Pracht des Ganzen und den Farbenglanz in den
wärmsten Ausdrücken, ohne jedoch den oder die Künstler zu nennen.[*]) Da in
Deutschland neben diesem Weltgericht nur noch zwei grössere musivische
Arbeiten bekannt sind, nämlich das 25 Fuss hohe Reliefbild der Himmelskönigin
mit dem Kinde am Chor der Liebfrauen-Kirche in Marienburg und einer Darstellung des Evangelisten Johannes zu Marienwerder, wurde schon öfters die
Vermuthung ausgesprochen, dass alle drei Bilder von demselben Meister gefertigt worden seien. Bei dem Umstande, dass die beiden in Westpreussen befindlichen Mosaiken erst gegen Ende des Jahrhunderts ausgeführt sein sollen,
könnte dieses um so eher der Fall sein, als in jener Zeit ein sehr lebendiger
Verkehr zwischen Böhmen und den nordöstlichen Reichsländern stattfand; in
Beziehung auf das Prager Bild scheint jedoch am glaubwürdigsten, Kaiser Karl
habe bei seiner Rückkehr von der Römerfahrt (1369) einen venetianischen
Mosaikmeister angeworben und nach Prag geführt. Dieser könnte spaterhin
nach Marienburg berufen und durch den deutschen Orden beschäftigt worden sein.

Das Prager Mosaikbild besteht nach der durch den Porticus vorgezeich-
neten Eintheilung aus drei Feldern; im Mittelfelde thront Christus als Weltrichter
in der Mandorla umgeben von einer Engelglorie. Unterhalb dieser Gruppe
knien die sechs Landespatrone Böhmens und sind durch einen schmalen Inschrift-
streifen namentlich bezeichnet, als:

**Ss. Prokoppus, Ss. Sigismundus, Ss. Vitus . ſs Walenzeslaus . Sta. Jodomilla.
ſs. Adalbertus.**

Dieser Streifen bedeutet zugleich die Grenzlinie zwischen Himmel und
Erde; oberhalb ist der Grund mit Goldstiften belegt, unterhalb mit grauen
Würfeln, sowohl in der Mitte wie in beiden Nebenfeldern. Tiefer abwärts
in den Ecken, welche durch die Spitzbogen gebildet werden, aber noch im
Mittelfelde, gewahrt man die Gestalten des Kaisers und seiner vierten Gemahlin
Elisabeth von Pommern-Stettin in betender Stellung, beide im Krönungsornat
und einigermassen dem besprochenen Votivgemälde in der Wenzelskapelle nach-
gebildet. Der Kaiser trägt die deutsche Reichskrone und einen weiten rothen

---

[*]) Benesch von Weitmühl führt in seiner Chronik den Beginn des Werkes mit den Worten
an: „Eodem tempore fecit Dominus Imperator fieri et deplngi supra porticum ecclesiae
Pragensis de opere vitreo more graeco" etc. — Ferner ad ann. 1371: „Eodem anno
perfecta est pictura solemnis, quam Dominus Imperator fieri fecit in porticu ecclesiae
Pragensis de opere moysiaco more Graecorum, quae quanto plus per pluviam abluitur,
tanto mundior et clarior efficitur."

Mantel mit goldenem Besetz; die Kaiserin eine grosse gegen rückwärts ausgebauchte Krone und goldbrokatnen Ueberwurf. Ihre reichen blonden Haare wallen über die Schultern herab, sie sieht der beschriebenen Büste sehr ähnlich, nur ist sie in der Mosaik etwas jugendlicher und voller. Die Nebenfelder enthalten rechts von der Figur Christi die Auferstehung von den Todten, links die Verdammung; dort sind Maria, hier Johannes als Fürbitter angebracht, neben ihnen je sechs Apostel. Im Auferstehungsbilde öffnen sich die Särge und die Verstorbenen richten sich oft mit grosser Kraftanstrengung unter den Leichensteinen empor, ein Engel zeigt den Weg ins Himmelreich. Die auf alten Schnitzereien und Miniaturen oft sehr abenteuerlich in Form eines Krokodillrachens dargestellte Hölle hat auf diesem Bilde ein völlig ruhiges Ansehen, es scheint, der Künstler habe den Engelsturz zu Grunde gelegt. Die üblichen Teufelsgestalten sind vermieden, der Erzengel Michael hat die Verdammten mit einem Stricke eingefangen und treibt sie mit aufgehobenem Schwert dem nur durch eine Flamme angedeuteten Ort ihrer Strafe entgegen. Die Episode, dass ein Frömmler unter der Leine durchzuschlüpfen sucht, fehlt auch hier nicht.

Die Mosaik ist nach venetianischer Weise aus Glasstiften gefügt, auch sind Natursteine namentlich Quarze zwischengemengt, wie aus herabgefallenen Stücken entnommen werden konnte. Die Stifte sind meist viereckig, 6 bis 8 Linien im Durchmesser haltend und häufig nach den Contouren zugeschnitten; der angewandte Kitt hat sich als ausserordentlich fest bewährt, da die Wand stark dem Feuer ausgesetzt war, und der Dom bei seiner hohen Lage den Einflüssen der Witterung mehr preisgegeben ist, als irgend ein zweites Gebäude im Lande.

Durch die architektonische Gliederung war eine streng symmetrische Anordnung bedingt, welche beim ersten Anblick an byzantinische Vorbilder erinnert; doch sind die einzelnen Gruppen sehr belebt, was namentlich von den Engeln gilt, welche die Mandorla umgeben. Giotto's Einfluss leuchtet überall hindurch in den Gestalten des Weltrichters wie der Landespatrone, welche letztere mit Beobachtung der Perspektive drei auf jeder Seite angeordnet sind. Von hoher Schönheit ist die Engelsfigur, welche die Seligen zusammenruft: Christus gross und erhaben scheidet mit leichter Bewegung die Guten von den Bösen.

Wenn die Sicherheit der Technik und richtige Zeichnung alle Anerkennung verdienen, kann das Gleiche nicht von der Farbe gesagt werden, welche selbst im Anfange nicht so lebhaft und harmonisch war, wie an den italienischen Mosaiken. Ursache ist zunächst die allzu häufige Anwendung einer lichtgrünen Farbe, in welcher die meisten Gewänder gehalten sind. Christus, Johannes, Petrus, Andreas, Jakobus, der Erzengel Michael und drei Landespatrone haben grüne Mäntel, alle Flügel der Engel und der Hauptstreifen am Oval der Mandorla sind grün und das weisse Gewand Mariens ist grün eingesäumt. Eine zweite das Auge unangenehm berührende Eigenthümlichkeit der Färbung besteht in der gleichmässig dunkelbraunen Fleischtinte, welche seltsam zwischen den grösstentheils lichteren Gewandungen durchsticht als Nachklang der byzantinischen Manier. Jetzt sind die meisten Stifte erblindet und lässt sich die Farbe nur nach längerer Befeuchtung erkennen. Eine im Jahre 1837 versuchte Restaurirung fiel nicht glücklich aus: der Maler bediente sich eines harzigen Kittes und der Oelfarben, der neue Auftrag fiel bald ab und riss viele Theile des alten Bestandes heraus. Trotz Erblindung und anderer Uebelstände ruft das Bild noch immer einen gewaltigen und feierlichen Eindruck hervor; es lässt sich nur wünschen, dass jeder fernere Restaurations-Versuch abgehalten werde.

IV. THEIL.

LEBENS-VERHÄLTNISSE UND WIRKSAMKEIT DER BEIDEN DOMBAUMEISTER.

Mathias von Artrecht. Die in der Domgallerie befindliche Büste, an welche man sich in Beziehung auf den Meister Mathias vorzugsweise zu halten hat, lässt einen Mann in den besten Jahren, höchstens einen angehenden Fünfziger erkennen, mit breiter niederdeutscher Gesichtsbildung, vollem Bart und gutmüthigen Zügen. Betrachtet man die breiten Schultern und das kräftige Aussehen des Dargestellten, kann man nicht anders denken, als dass er durch die Last der aufgebürdeten Geschäfte erdrückt worden sei. Er scheint, obgleich aus der päpstlichen Residenz herübergekommen, ein weltlicher Meister gewesen zu sein, worauf auch das auf der Büste angebrachte Handwerkszeichen hindeutet, da die Künstlermönche, so weit bekannt, keine derlei Handwerkszeichen geführt haben. Dieses besteht aus Zirkel und Winkelmaas, regelrecht aufeinander gelegt. Bald nachdem er den Dom gegründet, wurde ihm die Aufgabe zu Theil, das vielleicht schon 1346 begonnene Stiftsgebäude des slavischen Benedictinerklosters aufzubauen (jedoch nicht die Kirche, welche erst nach seinem Tode angefangen wurde). Von diesem Bau hat sich der Kreuzgang mit seinen Gewölben erhalten, welcher in seiner Einfachheit und sorgfältigen Ausführung ganz den unteren Dompartien entspricht. Da die Malereien in diesem Kreuzgang nach der angebrachten Inschrift schon 1348 begonnen sein sollen, wurde der Bau eifrigst gefördert und musste um diese Zeit wenigstens ein Flügel fertig sein.

Nun wurde die Prager Neustadt (1348) angelegt, so ziemlich in den grossen Linien, welche heute noch den Charakter dieses Stadttheiles bestimmen. Dass der Dombaumeister als kaiserlicher Architekt bei dieser Anlage vielfach in Anspruch genommen worden, lässt sich um so weniger bezweifeln, als die damals gegründeten Kirchen von St. Stefan und Apollinare ganz in seiner Manier gehalten sind. Auch die Aegidienkirche in Nimburg, zu deren Erbauung Kaiser Karl einen Wald geschenkt hatte, dürfte in ihren älteren Theilen von diesem Meister herrühren.

Nun erfolgte die Gründung von Karlstein, urkundlich neben dem Dome das Hauptwerk des wackern Mathias, der hier vielleicht seine Richtung am deutlichsten ausgesprochen hat. Der Kaiser verband mit dem Bau dieser Burg dreierlei Zwecke: erstens wollte er eine angenehme seinen Namen verewigende Sommerresidenz, zweitens einen sichern Ort zur Aufbewahrung

der Reichskleinodien und drittens sollte das Schloss ein Heiligthum, eine Art
klösterlicher Stiftung sein, wo der fromme Monarch ungestört sich der Andacht
hingeben und zugleich ein ununterbrochener Gottesdienst stattfinden konnte.
Diese Zwecke finden sich in der grossen Urkunde dd. VI Calendas Aprilis
(27. März) 1357 *) vollkommen ausgedrückt in den Worten: „In Castro Nostro
Carlstein, quod funditus de novo construximus, et Nostri proprii nominis adjec-
tione pro Nostra majori memoria duximus apellandum, ut videlicet Carlstein a
Carolo nominetur." Ferner: „ad laudem et gloriam Trinitatis aeternae, et no-
minatim piissimi Redemptoris nostri, ad salutem nostram incarnati et passi,
suaeque crucis vulnerum, clavi spongiae et lanceae, et salutiferae Passionis" etc.
endlich „ne in turri castri Carlsteinensis, in quo capella dominicae passionis,
cum aliqua muliere, etiam uxore legitima dormire seu jacere liceat."

Die Burg Karlstein bestand in ihrer ursprünglichen Anlage aus vier
Partien, nämlich

a) der Vorburg und dem Zwinger, wo die Beamtenwohnungen, Ritterstuben
und sonstigen Nutzräume untergebracht waren,

b) dem kaiserlichen Palaste, in dessen unteren Räumen die Kapitularen
wohnten,

c) der Marienkirche mit der Dechanteiwohnung und

d) dem grossen Thurme mit der Kreuzkapelle.

Mit der Kaiserburg hing durch ein angebautes Treppenhaus die Kolle-
giatkirche Unser-Lieben Frau oder Marienkirche zusammen, als Hauptkirche
des Schlosses. Der Grundriss dieser Kirche ist rechteckig, das Haus hat eine
äussere Länge von 72 und eine Breite von 54 Fuss; die Umfassungsmauern
sind so stark, dass die 8 Fuss weite Katharinakapelle in die Mauerdicke ein-
gefügt werden konnte. Wie die Marienkirche für sich ein eigenes Gebäude
bildet, welches nur durch Treppe und Gang mit den übrigen Baulichkeiten
zusammenhängt, besteht auch der Hauptthurm unabhängig und war nur mit
den Kaisergemächern durch einen langen Mauergang (vielleicht auch eine
Brücke) in Verbindung gesetzt. Der Thurm ist ebenfalls rechteckig, am Aeussern
80 Fuss lang und 60 Fuss breit; er erhebt sich in fünf Stockwerken und
enthält im dritten die Kreuz- oder Königskapelle. Neben diesen drei kirchli-
chen Räumen besitzt Karlstein noch eine dem heiligen Nikolaus gewidmete
Kapelle, welche aber im schlechtesten Geschmack erneuert worden ist.

Von den Kaisergemächern, welche sich längs der Südseite hinzogen,
haben sich noch zwei Säle in leidlichem Zustand erhalten: sie sind im Gegen-
satze zu den Kirchen höchst einfach mit quadratischen hölzernen Täfelungen
ausgestattet und waren mit Erkerfenstern versehen. Beinahe ganz unberührt
von den Stürmen, welche über Karlstein hinzogen, blieben die Kreuzkapelle
im Hauptthurme und die Katharinenkapelle, glücklicherweise die in architek-
tonischer Hinsicht durchgeführtesten Theile. Da die Ausstattungsarbeiten dieser
beiden Räume erst lange nach dem Tode des Mathias hergestellt wurden

---

*) Abgedruckt im lateinischen Urtext bei Pelzel, in böhmischer Uebersetzung bei Becz-
kowsky.

gehört nur der Massenbau unserm Meister an und kommt zunächst in Betrachtung. Vor Allem fällt die übergrosse Breite, das viereckige Grundverhältniss des Thurmes und der Marienkirche auf; ein erfahrener Techniker wird sogleich fragen, welche Form hatten die Dächer dieser Gebäude ursprünglich. Wollte man nach gothischen Regeln Dächer von 60^0 — aufstellen, würde das auf dem Thurme 54 Fuss, auf der Kirche 47 Fuss zur Höhe bekommen, ein so abschreckendes Missverhältniss im Vergleich zu den Mauerhöhen (die Marienkirche ist vom Boden bis zum Dachgesims nur gegen 50 Fuss hoch), dass selbst ein Lehrling keinen solchen Versuch wagen würde. Es sind italienische Palastbauten, welche Mathias in Karlstein aufgeführt hat, die Dachungen waren flach und einwärts geneigt mit grossen Abzugsrinnen in der Mitte. Der Meister hat sich der im Süden angenommenen Weise nicht entschlagen können und sein Vorbild den Palast Avignon allzusehr festgehalten, ohne das nordische Klima zu bedenken. Daher die frühzeitige Schadhaftigkeit des Schlosses und die endlosen Reparaturen, welche schon in ältester Zeit vorgenommen werden mussten.

Am Aeussern dieser Gebäude ist sozusagen gar keine Architektur entwickelt, die kleinen Fenster verschwinden in den ungeheuren Wandflächen, nur die Massenhaftigkeit des Ganzen und die grossartige Landschaft fesseln unser Auge und bewirken jenen Eindruck, welchen wir bei Betrachtung ausserordentlicher Verhältnisse jederzeit empfinden. Die Marienkirche namentlich mit ihrem neuen Walmdach und zopfigem Dachreiter sieht aus wie ein gewöhnliches Wohnhaus, während der Thurm durch seine bedeutende Höhe imponirt. Die inneren Räume zeigen, wie die von Meister Mathias im Dome vollendeten Theile, eine höchst sorgfältige Ausführung, ohne durch Formenreichthum oder Konstruktion sich auszuzeichnen. Die Kreuzkapelle ist ein einschiffiger rechteckiger Saal und wird durch zwei Kreuzgewölbe in eben so viele gleiche Abtheilungen zerlegt, von welchen die eine das Chor, die andere das Schiff bildet. Die schön gearbeiteten Gurten und Rippen der Wölbungen entspringen aus einfachen Pilastern und einigen sich in gleichmässig profilirten Schlusssteinen. Diese schlichte Anordnung war von je auf die reichste Farbenpracht und Edelsteineinlage berechnet, erhält aber durch die Fensterstellungen, welche grosse 8 Fuss tiefe Nischen bilden, eine angenehme Belebung. Die Fenster selbst sind fein profilirt und wohl erhalten, durch einen Mittelstab und einfach gothisches Masswerk wird die Lichtung eingetheilt. Ganz in derselben Weise ist die Katharinenkapelle gehalten, besteht ebenfalls aus zwei Gewölbekappen, die Arbeit ist noch zierlicher, das Verhältniss des kleinen Raumes bei 8 Fuss Breite und 14 Fuss Länge unübertrefflich. Die beiden kleinen Fenster enthalten keine Stabwerke.

Ob die Collegiatkirche St. Maria ursprünglich überwölbt oder wie heute mit einer flachen Decke versehen war, kann nicht mit Sicherheit bestimmt werden. P. Julius Körner, Dechant in Karlstein und Verfasser einer gediegenen Monographie über das Schloss, spricht sich dahin aus, dass ein bemaltes Gewölbe vorhanden gewesen sei.*) Wo er diese Nachricht gefunden, wird

---

*) Die Burg Karlstein, ihre Kirchen und Kapellen. — Aus Anlass der fünfhundertjährigen

nicht angegeben, sollte sie begründet sein, würde das Gebäude viel von seiner ehemaligen Höhe verloren haben. In ihrem gegenwärtigen hundertfach überkleisterten Bestande kann von architektonischem Gepräge der Aussenseiten keine Rede sein. Die Vorburg hält nur in den allgemeinen Linien die ursprüngliche Anlage ein, sie wurde unter Rudolf II. total umgebaut und theilweise erweitert.*)

Ob Meister Mathias noch an andern Orten als Prag und Karlstein thätig war, muss bezweifelt werden; er hat in der kurzen Frist seiner Amtirung, 1344 bis 1352, so ausserordentlich viel geschafft, dass sein frühzeitiger Tod begreiflich wird.

Peter von Gmund. Ungleich besser als über den ersten Dombaumeister sind wir über den zweiten unterrichtet, obwohl uns dessen Schule und Vorleben unbekannt sind. Nach der Art und Weise, wie er sich am Dome und der Koliner Kirche, dann in seinem Brückenbau ausspricht, scheint Peter als Architekt vorzugsweise ein konstruktives Talent gehabt und in früher Jugend ausgebildet zu haben. Seinem Geburtsorte nach gehörte er der Strassburger Bauhütte an, wo er auch seinen ersten Unterricht erhalten haben mag. Dass er Reisen gemacht und Vieles gesehen habe, ergibt sich aus der Mannigfaltigkeit seiner Schöpfungen; doch übte auf alle Fälle Heinrich Arler den grössten Einfluss auf Peters künstlerische Entwicklung. Heinrich gehörte zu jenen extravaganten Naturen, denen das Bestehende nicht genügt, die immer und überall Neues erfinden wollen, daher leicht auf Abwege gerathen. Der Dom zu Mailand, mögen wir uns seinen ursprünglichen Plan vereinfachen wie immer, enthält jederzeit genug, um die übertriebene Richtung des Heinrich erkennen zu lassen. Feines Modelliren und liebevolle Ausarbeitung darf man von einem Künstler nicht erwarten, dessen Streben zunächst dahin geht, zu überraschen und die Gunst hoher Herren zu gewinnen. Dass Peter solchen Bestrebungen nicht ganz fremd geblieben sei, haben wir schon angedeutet und erhellt aus den beigefügten Detailbildungen.

Die Portraitgallerie zeigt den Meister als einen ausgezeichnet schönen Mann von etwa sechzig Jahren, mit prachtvoll gewölbter Stirne und feingeschnittenem Profil. Haare und Bart sind grau und dünn, dabei sorgfältig geordnet, der Blick verräth den intelligenten und zugleich in allen Kreisen leicht sich bewegenden Weltmann, welcher im kaiserlichen Prunksaal sich ebenso schnell zurechtfindet, wie in der staubigen Bauhütte. Peter scheint bei seiner Ankunft in Prag schon verheiratet gewesen zu sein, denn es wird

Gründungsjubelfeier verfasst und herausgegeben von Julius Körner, Dechant der Collegiatkirche B. Virg. Mariae etc. Prag. 1857. Seite 18.
*) Es wird hier zum wiederholtenmale und ausdrücklich bemerkt, dass in dieser Beschreibung nur von jenen Karlsteiner Baulichkeiten die Rede ist, welche während der Leitung des Meisters Mathias aller Wahrscheinlichkeit nach ausgeführt worden sind. Da er nur etwas über 4 Jahre dem Bau vorstand, hatte er mehr als hinreichend zu thun, um den Rohbau zu vollenden. Die ganze Ausstattung der Burg, alle die geschichtlich und archäologisch wichtigen, nicht genug zu schätzenden Partien wurden sämmtlich in viel späterer Zeit hergestellt und die Kreuzkapelle erhielt erst 1365, also dreizehn Jahre nach Mathias Tode ihre Vollendung.

bereits im Jahr 1380 ein (wahrscheinlich) ältester Sohn als erwachsen im erwähnten Hradschiner Stadtbuche genannt. Neben diesem Sohne Namens Niklas hatte der Baumeister noch zwei, Johann und Wenzel, auch eine Tochter, deren Namen eben so wenig angegeben ist, als der der Mutter. Diese letztere starb bald, worauf Peter die zweite Ehe mit einer Adeligen, Agnes von Bur schloss. Mit dieser zweiten Frau hatte er wie es scheint nur einen einzigen Sohn, der Paul hiess, gleich seinen Stiefbrüdern Johann und Wenzel das Steinmetzhandwerk trieb und am Dome mitarbeitete. Im Jahre 1383 trat Meister Peter seiner zweiten Frau und ihrem Sohne Paul zwei Häuser ab, welche er auf dem Hradschin besass und erkaufte für sich selbst ein anderes Haus auf dem Platze Pohořelec, wo späterhin auch die Söhne Johann und Wenzel Häuser erwarben. Der älteste Sohn Niklas erwählte den geistlichen Stand, war Altarist in der Teynkirche und dürfte sich ums Jahr 1398 in den Ruhestand begeben haben.

Meister Peter scheint sich schnell in die Sitten und Gebräuche seines neuen Heimatlandes eingelebt zu haben, denn er kommt schon im Jahr 1360, also vier Jahre nach seiner Einwanderung, unter den Rathsmitgliedern des Hradschin vor, war sogar erster Schöffe und hatte sich demgemäss die böhmische Sprache angeeignet. Schon damals war er im Besitze eines Hauses und erfreute sich einiger Wohlhabenheit; ob er jedoch gleich Wurmser und Theodorich geadelt oder mit besondern Gnaden vom Kaiser bedacht wurde, ist nicht bekannt. Neben der Vollendung des Domchores nimmt die Moldaubrücke unter den urkundlich von Peter Arler ausgeführten Bauwerken den ersten Rang ein, eine gewaltige Konstruktion von ursprünglich 17 Bogen (Segment- oder Stichbogen) und zwei Brückenthürmen. Das durch Witterungen, Eisgänge und kriegerische Ereignisse tausendfältig beschädigte Bauwerk hat viele Aenderungen erfahren, doch blieb die Hauptform, wie sie Peter angeordnet, ungestört.

Die Länge der Brücke zwischen den Thürmen beträgt 1645 Fuss, die Breite wechselt gegenwärtig zwischen 30 bis 34 Fuss und die Spannweite der Bogen zwischen 70 bis 80 Fuss. Der malerische Effekt ist unbeschreiblich und wird von keiner zweiten Brücke übertroffen. Die Brückenthürme wurden erst unter König Wenzel IV. um 1400 vollendet, sind aber von Meister Peter angelegt und nach seinen Entwürfen ausgeführt worden, wie schon durch die am Altstädter Thurme angebrachten Bildnisse des Kaisers Karl und seines Sohnes des Königs Wenzel IV. unwiderleglich dargethan wird.*) Das letztere Bild ist namentlich bestimmend für die Erbauungszeit dieses Brückthurms; der

---

*) Man hat in Folge eines Missverständnisses die Errichtung der beiden Brückthürme dem König Podiebrad zugeschrieben und findet diese Behauptung in vielen Beschreibungen der Stadt Prag wiederholt. Der fleissige Sammler Ferd. Mikowec trat schon dieser Ansicht entgegen, indem er das Portrait Wenzels IV. seinem Werke „Alterthümer und Denkwürdigkeiten Böhmens" einverleibte und auf die Uebereinstimmung des Altstädter Brückthurms mit den übrigen Werken des Peter von Gmund hinwies. S. genanntes Werk, Bd. II. S. 37 ff.

König ist portraitirt als junger Mann von zwanzig bis zweiundzwanzig Jahren, demgemäss der Thurm, da Wenzel 1361 geboren ist, in den Jahren 1380 bis 1384 im Bau begriffen war. Die Prager Brückthürme, insbesondere der Alt-städter, gehören zu den vorzüglichsten Werken des gothischen Profanbaues und tragen ganz das Gepräge jener Dekorationen, mit welchen Arler die Strebe-pfeiler des Domes ausstattete.

Die Allerheiligenkirche auf dem Hradschin, inschriftlich als Peters Werk bezeichnet, wurde nach dem Brande von 1541 so verunstaltet, dass von der alten Anlage kaum die Grundmauern übrig geblieben sind; dagegen blieb der Chorbau zu Kolin frei von entstellenden Zuthaten. Diese Kirche gibt über die Kunstrichtung des Meisters die entscheidensten Aufschlüsse, denn er fühlte sich hier durch keine Rücksichten auf Bestehendes gehindert und konnte, da der Bau aus kaiserlichen Mitteln bestritten wurde, frei disponiren. Dass Arler die im Uebergangsstyl errichteten Schiffe abtragen und die ganze Kirche nach seinem Plane vollenden wollte, ist gewiss; der Tod des Kaisers vereitelte diese Absicht und sicherte den Fortbestand eines Denkmals von unschätz-barem Werthe.

Der Chorschluss zu Kolin ist aus vier Seiten des Siebenecks gezogen, eine Anordnung, durch welche ein Pfeiler in die Mitte des Hauptschiffes hinter dem Hochaltar zu stehen kommt. Diese Eintheilungsweise scheint Meister Peter mit Vorliebe festgehalten zu haben und sie darf als besonderes Kenn-zeichen seiner Thätigkeit angesehen werden, da sie sonst in Böhmen nicht vorkommt. Durch eine ungewöhnliche Konstruktion wird der vierseitige Chor-schluss in die Hälfte des Zehnecks umgewandelt, so dass die Seitenschiffe im Umgange und der Kapellenkranz eine dem Prager Dom sich nähernde An-ordnung zeigen und in den Kapellen ein Fenster in das Kirchenmittel fällt. Die Kapellen treten nicht als besondere Ausbauten vor, sondern werden von einer halbkreisförmigen Linie, an welcher das Polygon nur durch eine Lesse-nenstellung angedeutet ist, eingesäumt.

Dieselbe Anordnung treffen wir wieder am Chore der Barbarakirche in Kuttenberg, nur ist hier der Schluss aus fünf Seiten des Neunecks gewonnen und setzt durch eine ähnliche Manipulation, wie wir sie in Kolin kennen gelernt, in die Hälfte eines Sechzehnecks um. In Kuttenberg wird der Kapellen-kranz durch acht, in Kolin durch fünf Kapellen gebildet: am ersten Ort steht ein Pfeiler im Mittel des Umganges, am zweiten in der Mitte des hohen Chores. Auch die Stellung der Sakristeien mit darüber befindlichen Schatz-kammern ist an beiden Kirchen die gleiche, eben so die Form der Kapellen und die Umfassung derselben durch eine mit Lessenen versehene Halbkreis-linie. Zu den aufgezählten, nur an diesen beiden Kirchen vorkommenden Eigen-thümlichkeiten, welche auf einen und denselben Urheber hinweisen, gehört noch die, dass die Strebepfeiler sich erst oberhalb der Kapellendächer ent-wickeln und die gegenseitigen Fenstermaasswerke wie auch die Profilirungen der Gesimse sich förmlich decken. Nach zwanzigjähriger sorgfältiger Prüfung kann ich nur wiederholen, was ich bereits 1861 in den Mittheilungen der k. k. Central-Commission angedeutet habe, dass nämlich die Kuttenberger St.

Barbarakirche nichts anderes, als eine Umstellung und reichere Ausstattung des in Kolin angewandten Motives sei.*) Darf man nach vielfältigen archäologischen Anhaltspunkten die Anlage der Barbarakirche dem Dombaumeister mit Sicherheit zuschreiben, kömmt noch ein fernerer Umstand hinzu, welcher bestätigt, dass er um 1385 in nächsten Beziehungen zu den angesehensten Familien Kuttenbergs gestanden habe. Johann der zweite Sohn des Meisters verheiratete sich damals in Kuttenberg mit einer reichen Witwe Helene, des Gewerken Jessek Tochter, und weilte längere Zeit in dieser Stadt.

Nun folgen zwei höchst wichtige Bauwerke, beide in Prag, welche in allen Theilen der Manier Arlers entsprechen und diesem zugeschrieben werden dürfen: nämlich das Chor und Schiff der Teynkirche und der Kuppelbau des Karlshofer Stiftes. Die Choranlagen dieser beiden Kirchen zeigen wieder das auf die Spitze gestellte Polygon mit dem Pfeiler im Mittel des Hauptschiffes, des Meisters beliebte Anordnung; dann eine Reihe von Pflanzenornamenten, welche er ganz ausschliesslich anwendet.

Der Beschluss, die uralte Kirche St. Maria vor dem Teyn umzubauen, scheint ums Jahr 1360 gefasst worden zu sein; der Raum war beschränkt und die Mittel schwerlich überreich, daher eine langsame Bauführung stattfand. Es liegt keine geschichtliche Nachricht vor, dass Peter diesen Bau geleitet habe, aber alle Umstände sprechen dafür, wie auch die Thatsache, dass in jener Zeit nur wenige Baumeister im Stande waren, ein Schiffgewölbe von nahezu 40 Fuss Spannweite zu konstruiren. Die Maaswerke in den Fenstern der Teynkirche sind zum Theil dieselben, wie sie am Prager Dome und in Kolin vorkommen. Noch entschiedener als in der Teynkirche spricht sich Arler in dem Karlshofer Kuppelbau aus, einer regelmässig achteckigen Kirche mit vorgelegtem hohen Chor. Das 72 Fuss im geraden Durchmesser haltende Gewölbe ist aus dem Halbkreise konstruirt und schliesst sich in seiner Eintheilung genau den Wölbungen der St. Wenzelskapelle und Sakristei des Prager Domes an. Die prachtvolle Kuppel mit ihrem reichen Sterngewölbe ruht auf nur 3 Fuss dicken Mauern und hat im Scheitel 60 Fuss zur Höhe, wobei das Auslaufen der Rippen 20 Fuss über dem Pflaster beginnt. Die Karlshofer Kirche wurde im Mai 1377 eingeweiht und zwar in Gegenwart des Kaisers, welcher die sämmtlichen Stiftsgebäude aus seinen Mitteln hat errichten lassen.**) Dieser

---

*) Der Oberbau an der St. Barbarakirche wurde bekanntlich erst unter König Wladislaw II. zwischen 1483 und 1506 ausgeführt. Vergl. Mitth. Jahrg. 1861, S. 284 ff.

**) J. Schaller gibt in seiner Topographie von Prag das Jahr 1377 als Gründungszeit der Kirche an, nachdem die Stiftsgebäude bereits 1351 waren erbaut worden. Pelzel in seiner Biographie Karl des Vierten erzählt ad ann. 1377 sehr ausführlich die Einweihung und die dabei vorgekommene Anekdote, dass Karl sein eigenes aus der Residenz herübergebrachtos Silberzeug dem Stifte geschenkt habe. Die vorhandenen Urkunden geben in dieser Beziehung keinen Aufschluss, weil zwischen den Stiftungen und der wirklichen Ausführung nicht unterschieden wird, was schon viele Irrthümer hervorgerufen hat. Ich möchte glauben, dass 1377 der Chor mit dem Hochaltar als vollendet eingeweiht wurden, die Kuppel aber erst nach dieser Zeit gegen Ende des Jahrhunderts ausgebaut worden sei. Den Kuppelbau in eine frühere Zeit verlegen oder gar dem

Umstand allein liefert beinahe den vollgiltigen Beweis, dass nur der Dombaumeister Urheber der Kuppel sein konnte, da Karl IV. jeden bedeutenden Bau in Prag seinem Architekten übertrug.

Im Jahre 1372 liess der Kaiser in Prag eine Magdalenenkirche erbauen, welche als besonderes Meisterstück gerühmt wurde aber längst verschwunden ist; etwa gleichzeitig erfolgte die Anlage des Altstädter Rathhauses, dessen Erkerkapelle dem Arler zugeschrieben wird. Aller Wahrscheinlichkeit nach war der Meister noch an vielen Kirchenbauten betheiligt, so an der 1371 gegründeten Kirche des Slavenklosters Emaus, einer einfach grossartigen Halle mit drei gleich hohen Schiffen, den Pfarrkirchen St. Adalbert und St. Heinrich in der Neustadt Prags und andern daselbst ausgeführten Gebäuden: von diesen wollen wir nur Eines hervorheben, nämlich das quadratische Kirchlein Maria Verkündigung des Sluper Klosters, dessen Gewölbe von einer einzigen Mittelsäule getragen wird. Diese Kirche wurde auf Veranlassung des Erzbischofs Arnest am 24. März 1360 gegründet und dem neu eingeführten Orden der Diener Mariä (Serviten) übergeben.*) Das sauber durchgeführte Bauwerk zeichnet sich neben seiner originellen Grundform durch besonders zierliche mit verschiedenen Blumen und Blättern ausgestattete Kapitäle aus.

Rechnet man zu diesen Beweisen einer ungemessenen Thätigkeit im Reiche der Baukunst einen nicht minder bedeutenden bildnerischen Wirkungskreis, erkennen wir ein so reiches vielbewegtes Künstlerleben, als nur dem Altmeister Giotto und dem unvergleichlichen Michel Angelo zu Theil geworden. Dass der schwäbische Meister sich keiner so ausgebreiteten Anerkennung erfreute, lag zum Theil in den Zeitverhältnissen, zum Theile auch in der abgesonderten und feindseligen Stellung, welche Böhmen bald nachher zu Deutschland einhielt.

Peter von Gmund hat in Böhmen eine zahlreiche Schule gegründet: unmittelbare Schüler sind seine Söhne Johann, Wenzel und Paul, sein Schwiegersohn Michael von Köln, sein Bruder Michael Parler aus Gmund, ferner die beiden Baumeister der Teynkirche, Otto Schaufler und Peter Schmelzer, ein gewisser Pem und der spätere Dombaumeister Petrlik. Auch die Brüder Junkherr, welche in der Kunstgeschichte unter dem Namen die Junkherrn von Prag vorkommen, dürfen hieher gerechnet werden.**) Die Schule des Peter

---

Mathias zuschreiben zu wollen, wäre ein archäologischer Verstoss, als wenn man ein Gemälde von Pietro Cortona dem Hubert van Eyck zuerkennen wollte.

*) Balbin gibt in „Vita vener. Arnesti" lib. II, pag. 218, das Jahr 1359 an und schildert den Hergang folgendermassen: Advocator protinus sex divinae matris servuli, quibus Imperator in honorem Incarnati Filii Dei, seu Annunciationis Beatissimi Virginis (ita enim in literis vocat) 24. Martii pridie Annunciationis B. Mariae templum et domum angustam illam quidem, sed elegantem, jactis cum Arnesto fundamentis, sub arce Wissegradensi excitavit. Das Wort „elegans" hat der redliche Balbin sehr richtig gebraucht : das Kirchlein gehört zu den zierlichsten Werken des Jahrhunderts.

**) Die Frage bezüglich der vielbesprochenen Junkherrn aus Prag dürfte durch nachstehende Thatsache vollgültig gelöst werden. Durch einen in den Mittheilungen der k. k. Central-Commission, Jahrgang 1863, S. 136 ff. veröffentlichten Aufsatz von Alwin Schulz aufmerksam gemacht, begab ich mich im Herbste 1866 nach Breslau, um die Beziehungen

war so fest geordnet, dass sie selbst durch die Husitenstürme nicht völlig gelöst wurde. Die Meister Raysek und Benesch von Laun bewegen sich als letzte Gothiker noch immer in der durch Peter Arler eingeführten Formenwelt.

~~~~~~~~~~~~~~~

V. THEIL.

KAISER KARL DER VIERTE UND SEINE KUNSTSCHÖPFUNGEN.

Eine wenn auch nur flüchtige Uebersicht der durch Kaiser Karl hervorgerufenen und geförderten Kunstwerke scheint unumgänglich nothwendig, um die Bedeutung des Prager Dombaues gehörig zu würdigen; war doch Prag in jener Zeit die Hauptstadt des deutschen Reiches, wo die erste Universität und zugleich die früheste Kunstschule erblühte. Karl war als siebenjähriger Knabe von seinem Vater an den französischen Hof nach Paris gebracht worden, angeblich wegen Eifersüchtelei des Königs, wahrscheinlicher jedoch aus väterlicher Vorsorge, um dem heranwachsenden Prinzen eine bessere Erziehung zu verschaffen, als die damaligen Verhältnisse Böhmens es in Aussicht stellten. In der That kann sich Böhmen nur Glück wünschen, dass König Johann diese Verfügung traf, denn der Prinz eignete sich unter Leitung der trefflichsten Lehrer und im liebevollsten Umgang mit dem verwandten königlichen Hause (die Königin Maria von Frankreich war eine Tante Karls) solche Kenntnisse an, welche ihn späterhin zum ersten Regenten seiner Zeit machten. Der jugendliche Prinz erlernte ausserordentlich schnell die lateinische, französische und italienische Sprache, nachdem er von Hause aus des Deutschen und Sla-

---

zwischen den Kunstschulen von Prag und Schlesien näher kennen zu lernen. Hier fand ich in den von Alwin Schulz angeführten und von Dr. Laband ausführlich beschriebenen Stadtbüchern verschiedene Namen, welche allem Anschein nach identisch mit gleichzeitig in Prag vorkommenden sind, so: Michel beem der mwerer, Meyster Pescke der mwirer, Michael lapicida und andere. Ungleich wichtiger erschien mir das Vorkommen des Namens Junker, welcher unter verschiedenen Schreibarten, z. B. Hannus Junckir der mwrer, Junkjr, Junckio, Jungnicz (slavisirt) und anderen kleinen Abweichungen vom Jahre 1368 bis 1388 wiederholt in den Lib. Sign. II, IV, VI, und in den Bürgerschafts-Verzeichnissen auftritt. Zweifelnd, ob ich wirklich dem fraglichen Junkherrn auf der Spur sei, theilte ich die Sache dem k. preuss. Regierungs-Direktor Herrn Baron von Juncker Oberconreut in Gumbinnen mit, welcher, selbst als Geschichtforscher rühmlich bekannt, der uralten Adelsfamilie der Juncker aus Eger angehört und sich lebhaft für diese Angelegenheit interessirt. Die mit vielen Belegen versehene Antwort lautete dahin, dass erstens sein eigener Familienname im 13. und 14. Jahrh. gewöhnlich mit solchen Variationen geschrieben werde, ferner dass der Name Junckher zu jener Zeit im ganzen Umfange des deutschen Reiches sonst nicht vorkomme. Demgemäss gehören die Baumeister Junkherr auf alle Fälle der Stadt Breslau und wahrscheinlich der Egerer Familie an: Die Bezeichnung „von Prag" aber kann sich nur daher schreiben, dass sie ihre Lehrzeit in der Prager Bauhütte bestanden haben. Eine ausführliche Besprechung der Breslauer und Prager Bauschulen sei einem nächsten Artikel vorbehalten. Die Gebrüder Junkherr scheinen in den verschiedenen Bauhütten zumeist als Lehrer und Theoretiker gewirkt zu haben, daher sie an so vielen Orten fast gleichzeitig und stets in räthselhafter Weise als „Wissende" auftreten.

vischen kundig war und sah sich bald im Stande, die öffentlichen Vorlesungen an der Pariser Universität zu besuchen. Durch seinen Erzieher, den gelehrten Johann von Cara und im engen Verkehr mit dem berühmten Benediktinerabt Roger, dem nachmaligen Papst Clemens VI., gewann der Prinz frühzeitig jene Vorliebe für Künste und wissenschaftliche Bestrebungen, welcher er bis ins Greisenalter treu blieb. Zum Jünglinge herangewachsen wurde Karl im Jahre 1331 von seinem Vater nach Luxemburg berufen, um an dem beschlossenen italienischen Feldzug theilzunehmen. Hier erntete er als Staatsmann und Feldherr grossen Ruhm, erfocht am 25. November 1332 bei Castello St. Felice einen grossen Sieg und bezog dann in Parma Winterquartiere, um seinen nach Deutschland gereisten Vater zu erwarten. Der Aufenthalt in Norditalien dauerte bis in den August 1333, der Prinz weilte in mehreren Städten und scheint bei dieser Gelegenheit mit verschiedenen Künstlern in Berührung gekommen zu sein, von denen er einige nach Böhmen berief. Nachdem sich König Johann von der Haltlosigkeit seines italienischen Unternehmens überzeugt hatte, begab er sich zurück nach Luxemburg und ernannte vorher seinen Sohn Karl, damals Markgraf von Mähren, zum Statthalter von Böhmen. Als solcher kehrte der siebzehnjährige Prinz in sein Heimatland und fand hier mehr als hinlängliche Gelegenheit, die erworbenen Kenntnisse anzuwenden. Das Land war verwildert, das königliche Ansehen untergraben und die Gesetze ohne Geltung. Sogar das königliche Schloss auf dem Hradschin war in der Zwischenzeit abgebrannt und nicht wieder aufgebaut worden, so dass Karl nicht einmal eine passende Wohnung in Prag vorfand und anfänglich in einem Privathause wohnen musste. Das erste Beginnen des neuen Statthalters war dahin gerichtet, einen standesmässigen Palast zu erbauen, denn es galt zugleich, das königliche Ansehen durch ein grossartiges Unternehmen wieder zu heben. Die neue Residenz wurde auf dem Hradschin nach dem Muster des königlichen Schlosses zu Paris aufgeführt und von den Zeitgenossen als Wunderwerk gepriesen: es ist aber keine Spur von diesem Bau auf uns gekommen.*) Dann liess Markgraf Karl das Grabmal des heiligen Wenzel mit silbernen Statuen schmücken und legte ein neues Domkapitelhaus an. Die Künstler, von welchen diese Werke ausgeführt wurden, sind unbekannt, wahrscheinlich dürften sie aus Paris verschrieben worden sein.

Nun folgte eine unruhige Zeit, König Johann überwarf sich erst mit seinem Sohne und wurde nur durch die dringendsten Vorstellungen angesehener Männer begütigt; er mengte sich nachher in alle möglichen Händel und verwickelte auch Karl in dieselben, so dass die Kunstpflege für längere Zeit unterbrochen werden musste. Im Jahre 1344 mit Gründung des Domes wurde der Eifer aufs Neue angeregt und schon damals fasste Karl den Entschluss zur

---

*) In Francisci Chronicon Pragense, lib. III, ad ann. 1333 heisst es: „Incepit ibi mox ruinosa aedificia regalia, quae prius ante multos annos fuerant destructa et quaedam igne concrementa, construere et reaedificare, et omnia in castro praefato, sicut de Regibus quibusdam Israel legitur, ingenioso studio restauravit, et in brevi domum construxit admirabilem, nunquam prius in hoc regno talem visam, ad instar domus Regis Franciae, et cum maximis sumptibus aedificavit."

Anlage der Neustadt Prag. Nach dem unglücklichen Tage von Crecy fand der mittlerweile zum römischen König erwählte und zugleich zum König von Böhmen erhöhte Karl zuerst einigen Trost darin, dass er seinem in der Benediktinerabtei zu Luxemburg beigesetzten Vater ein prachtvolles Denkmal errichten liess, ein auf Stufen stehendes Mausoleum, umgeben von fünfzig Standbildern der mit König Johann bei Crecy gefallenen Ritter. Dieses Denkmal wurde 1543 gänzlich zerstört, ohne dass ein Bruchstück erhalten geblieben wäre. Nach Böhmen zurückkehrend entwickelte der Kaiser zunächst eine unerhörte Bauthätigkeit; das Karmeliterkloster vor dem Gallithore und das Slavenstift (später Emaus genannt) wurden 1347 gegründet und gleichzeitig die Ummauerung des für die Neue Stadt bestimmten Raumes angeordnet. Bei Anlage dieses Stadttheiles war Karl persönlich thätig; er bestimmte die Breite der Strassen, die Stellung der Plätze, Kirchen, öffentlichen Brunnen und Thore und überzeugte sich durch eigenhändiges Nachmessen, ob seine Anordnungen befolgt worden seien. In den ersten Frühlingstagen des Jahres 1348 hatte die Aussteckung der Neustadt in ihren grossen Linien stattgefunden, im Juni erfolgte die Gründung des Schlosses Karlstein und die Stiftung der Prager Universität mit Einrichtung eines hiezu tauglichen Gebäudes.*)

Kaum waren die Bauarbeiten im Slavenkloster etwas vorgerückt, begann die Thätigkeit der Maler einzugreifen und zum erstenmale wurde ausserhalb Italien ein grosser vollständig zusammenhängender Cyklus von Wandgemälden ausgeführt. Die Darstellungen bilden eine typologische Reihenfolge, beginnen mit der Verkündigung Mariä und schliessen mit Darstellung der auf dem Throne sitzenden Himmelskönigin. Man zählt in den 26 Rückwandfeldern des Kreuzganges eben so viele Bilder aus dem neuen Testamente; einem jeden derselben entsprechen drei Vorstellungen aus dem alten Testament, so dass die Anzahl der Gemälde 78 beträgt. In den ältesten Bildern erkennt man die Schule des Giotto (wie Schnaase richtig bemerkt hat), in den später ausgeführten haben andere Kräfte mitgeholfen.**)

Von 1348 an wird jedes Jahr durch wenigstens eine grosse Schöpfung bezeichnet, es erstehen die Pfarrkirchen von St. Adalbert, Heinrich und Stephan, die Stifte St. Apollinare, Katharina, Maria Verkündigung in Slup und Karlshof in Prag. Kaum waren diese Unternehmungen gesichert, sorgte der umsichtige und rastlose Kaiser in gleicher Weise für das ganze Land und dehnte seine Thätigkeit bald über Deutschland aus. Indem er die Satzungen der Malerbruderschaft bestätigte, legte er den Grund zu einem kräftigen Kunstleben und die scheinbar beengenden Privilegien der Schilderer brachten den Vortheil mit sich, dass zwischen geistigen Bestrebungen und handwerklichem Betrieb unterschieden wurde.

Die Stadtkirchen zu Prachatitz, Winterberg, Klattau, Pilsen, Rakonitz,

---

*) Das erste Universitätsgebäude befand sich nicht an der Stelle des gegenwärtigen Caro linums. Dieses letztere wurde erst durch König Wenzel IV. erbaut, ist aber bis auf einen noch bestehenden, wahrscheinlich von Meister Peter herrührenden Erker abgetragen und umgeändert worden.

**) Schnaase, Gesch. d. bild. Künste im Mittelalter, IV. Bd., S. 474 ff.

Aussig, Nimburg, Gitschin, Bidschow, Chrudim erstanden zwischen 1350—1380, der goldene Steig, dieser uralte durch den Böhmerwald nach Passau führende Saumpfad wurde erweitert und durch Anlage von Wartthürmen gesichert. Das Karmeliterkloster in Tachau wurde 1351, das Augustinerkloster in Breslau 1352 gestiftet, ausserdem wurde letztere Stadt durch einen kaiserlichen Palast verschönert und die Erbauung der Dorotheenkirche gefördert. In Leitmeritz liess der Kaiser 1354 ein schönes Probsteigebäude aufführen und in Ingelheim den von Karl dem Grossen herrührenden in Ruinen liegenden Palast wieder in Stand setzen.

Nachdem dieses geschehen, begab sich Karl IV. nach Italien, gründete zu Tarent eine Kirche mit einem Chorherrenstifte und hielt im April 1355 seinen Einzug in Rom, wo er in Vertretung des abwesenden Papstes durch den Kardinal von Ostia zum Römischen Kaiser gekrönt wurde. Von dem Römerzuge heimkehrend hielt sich der Kaiser längere Zeit in Nürnberg auf, wo er die noch bestehende prachtvolle Marienkirche, auch Kaiserkapelle genannt, von den Baumeistern Georg und Fritz Rupprecht auf seine Kosten anlegen liess und die Vollendung des Werkes durch die Summe von tausend Dukaten sicherte, welche dem Nürnberger Magistrate eingehändigt wurden.*)

Auch andere hohe Herren wurden durch des Kaisers Kunstliebe zur Nacheiferung angeregt; Herzog Rudolf von Sachsen erbaute eine der Domkapellen auf seine Kosten und für sich einen Palast auf der Kleinseite; diesem Beispiele folgten mehrere Fürsten und Gesandte, so dass Prag mit einer grossen Anzahl der schönsten Gebäude bereichert wurde. Erzbischof Arnest liess ebenfalls eine Domkapelle herstellen und fundirte, wie die Inschrift neben seiner Büste besagt, mehrere Klöster, Spitäler und Schulen; vor allen aber war es das Haus Rosenberg, welches sich durch künstlerische Bestrebungen auszeichnete, eigene Illuminatoren, Maler und Baumeister hielt und durch eine ausserordentlich glänzende Hofhaltung nicht selten den Herrscher verdunkelte.

Um diese Zeit (1360) gewannen auch die bürgerliche Baukunst und das Ingenieurfach einen erfreulichen Aufschwung, es wurden allerlei gemeinnützige Anstalten geschaffen, welche bis dahin unbekannt waren. Theils auf des Kaisers Veranlassung, theils unmittelbar durch ihn erstanden die Rathhäuser der Alt- und Neustadt Prag, in vielen Städten wurden sogenannte Literatenschulen, Mitteldinge zwischen Gymnasien und Schullehrerseminarien, eingerichtet und zu diesem Zwecke eigene Gebäude angelegt. Ein merkwürdiges Literatenhaus aus dieser Periode hat sich in Prachatitz erhalten. Die Landstrassen wurden geregelt, verbreitert und trocken gelegt, das flache Land durch gleichmässig vertheilte Schlösser und feste Thürme vor Räuberbanden geschützt und die Flüsse eingedämmt, damit die Schifffahrt nicht gehemmt werde. Nachdem 1357 mit dem Bau der Moldaubrücke in Prag begonnen worden, legte Karl am 9. Juli folgenden Jahres feierlich den Grundstein zu diesem Bauwerk. Gleichzeitig scheint auch die aus Granit erbaute Brücke in Pisek ausgeführt

---

*) Gel. Dobner, Tom. III. pag. 346, ferner Pelzel, Gesch. Kaiser Karl des Vierten, II. Th. S. 475.

worden zu sein, welche in ihren Anordnungen und Bogenverhältnissen sehr mit der Prager Brücke übereinstimmt. Immer bemüht, Industrie, Handel und Intelligenz zu heben, berief Kaiser Karl persische Teppichweber nach Prag und gründete eine Schule für Weberei, damit kunstreiche Seiden- und Wollenzeuge im Lande selbst gefertigt werden.

Einen höchst grossartigen Entschluss fasste der Kaiser, indem er die Moldau mit der Donau durch einen schiffbaren Kanal zu verbinden trachtete und nach seiner Weise sogleich Hand ans Werk legen liess. Die Linie war, soweit sie sich ermitteln lässt, von Budweis aus gegen Linz gezogen und sollte mit Benützung des Malschflusses unterhalb Linz in die Donau münden. Das schon begonnene Unternehmen konnte nicht durchgeführt werden, weil die Herzoge von Bayern und Oesterreich in Misskennung des eigenen Vortheils die nöthigen Grundstücke nicht abtreten wollten. Als 1359 die Stadt Zittau gänzlich durch Feuer zerstört wurde und alle Mittel fehlten, war es Karl IV., der sich des Wiederaufbaues annahm und die Stadt schöner, als sie vorher gewesen, herstellen liess. In den Nothjahren 1360—1361, als in Folge zweimaligen Misswachses eine grosse Theuerung und Hungersnoth hereingebrochen war, und Tausende von Armen nach der Hauptstadt strömten, wurde auf kaiserlichen Befehl die ungeheure Mauer aufgeführt, welche die ganze Kleinseite Prags sammt Hradschin und Strahow umschliesst, die am Aujezd den Berg hinanläuft und unterhalb der Stadt mit einer Wasserpforte endet. Die Mittel bestritt der Kaiser aus eigenem Säckel, es durfte Niemand, der arbeiten wollte, zurückgewiesen werden, und war für die strengste Ordnung gesorgt. Die abgebrannte Pfarrkirche zu Kolin erhielt 1360 auf kaiserliche Kosten einen neuen Chor, im Dome zu Aachen liess Karl einen neuen Altar aufstellen, das Prämonstratenserstift Windberg in Bayern wurde in seinen Besitzungen gesichert und erhielt vom Kaiser ein schönes noch erhaltenes Altarbild, die Malereien der Wenzelskapelle wurden angelegt, während die Arbeiten zu Karlstein ihrer Vollendung entgegengingen. Seinen Scharfblick, in allen Lagen und Lebensfächern das Richtige zu erkennen, beurkundete der Kaiser ganz besonders durch Hebung der Karlsbader Quellen, indem er dort ein Badehaus, eine Kirche und für sich selbst ein Schloss, genannt Karlhaus, errichten liess. Im Jahre 1364 wurde das Dörflein Wary oder Warm, welches neben den Quellen gelagert war, zur Stadt erhoben und trägt seitdem zur Erinnerung an den Gründer den Namen Karlsbad.

Bald nachher begannen die Unterhandlungen wegen Erwerbung der Mark Brandenburg und die Thätigkeit Karls wandte sich den nordöstlichen Distrikten des Reiches zu; das Kloster Oybin bei Zittau wurde gegründet und um 1370 mit Wandmalereien ausgestattet, zu Fürstenberg ein neues Schloss und eine Brücke angelegt und in der Lausitz wie in Brandenburg viele Bauwerke errichtet. Unter diesen zeichneten sich das grosse Schloss mit reich ausgestatteter Kapelle, das Rathhaus und mehrere Kirchen zu Tangermünde aus, welche Stadt der Kaiser sehr bevorzugte und zum Stapelplatze des böhmischen Handels mit der Nordsee auserwählt hatte. Das Schloss ist zerstört worden, das Rathhaus aber blieb erhalten und gehört mit seinem reichen

Giebel und einor höchst malerischen Seitenansicht zu den vorzüglichsten Gebilden des gotbischen Profanbaues.

Wo Karl die Erzgiesser Clussenberg hat kennen lernen, ist nicht zu
ermitteln, schwerlich war die Anfertigung des St. Georgstandbildes auf dem
Hradschin der ausschliessliche Zweck ihrer Berufung: vielmehr scheint es, dass
der Kaiser für seinen Dom babe Erzthüren fertigen lassen wollen und das
Standbild, so ausgezeichnet es durchgeführt ist, nur eine Nebenarbeit der
Gussmeister war. Aehnlich mag es sich auch mit dem grossen Mosaikbilde
verhalten, es sollte der Vorläufer einer reichen innern Ausstattung werden;
des Kaisers Tod aber unterbrach diese gegen Ende seines Lebens im Zuge
begriffenen Unternehmungen.

Der unter Karls Regierung aufblühenden und durch die Thätigkeit des
Meisters Peter sich ausbreitenden Bildhauerschule, wie der zahlreichen Werke,
welche aus der Dombauhütte hervorgingen, haben wir schon gedacht; mit Anordnung plastischer Arbeiten schliesst der Kaiser die Reihe seiner künstlerischen Schöpfungen ab. Im Herbste 1377 trat Karl von Tangermünde aus in
glänzender Begleitung eine Reise nach Paris an, er wollte seinen Schwester-
sohn Karl den Fünften, König von Frankreich, wiedersehen und die Stadt besuchen, wo er seine Jugendjahre verlebte. Der Weg führte durch Westfalen,
wo der Kaiser mehrmals kurzen Aufenthalt machte und bei dieser Gelegenheit
zu Minden dem Geschichtschreiber Heinrich von Herford ein stattliches Denkmal zu errichten anordnete. In dieser Stadt erfuhr er, dass die nicht ferne
Kirche zu Engern, wo der tapfere Sachsenherzog Wittekind begraben liegt,
sich im traurigsten Zustande befinde. Der Kaiser reiste alsobald dahin und
liess dort nach Art der im Prager Dom durch Arler hergestellten Fürstengräber ein des Helden würdiges Monument herstellen; oben auf der Deckplatte
die Gestalt des Herzogs in lebensgrosser Figur, neben ihm seine Rüstung und
andere Embleme, auch der böhmische Löwe zum Zeichen der Widmung wurde
angebracht. Nachdem diese Arbeit (welche sich in sehr ruinösem Zustande
bis auf unsere Tage erhalten hat) gesichert war, wurde die Reise nach Paris
fortgesetzt, wo Karl am 4. Jänner 1378 mit sehr erschütterter Gesundheit an-
langte. Er erholte sich indess wieder und kam glücklich in die Heimat zurück,
kränkelte jedoch seit der Winterreise fortwährend und verschlimmerte durch
unaufhörliches Arbeiten sein Leiden dergestalt, dass er am 29. November 1378
den Geist aufgab.

Die Kunstpflege des erhabenen Fürsten trug, wie aus dieser flüchtigen
Skizze erhellen wird, im Entferntesten nicht den Charakter einer Liebhaberei
oder einseitigen Gönnerschaft; der Kaiser erkannte wie Wenige den sittigenden
und veredelnden Beruf der Künste und die Berechtigung idealistischen Strebens;
indem er diese Richtung thatkräftig durch Anlage monumentaler Werke för-
derte, übersah er die volkswirthschaftliche Bedeutung nicht, belebte den
Gewerbfleiss durch direkte Aufträge und Eröffnung neuer Absatzwege; zugleich
bewirkte er durch Begünstigung des sich entwickelnden Vereinwesens die
Hebung des gesammten Handwerkerstandes. In dieser Beziehung steht Karl
der Vierte unübertroffen; kein geistlicher oder weltlicher Fürst des Mittelalters
hat gleich ihm den zwiefachen Wirkungskreis der Künste erfasst und praktisch
ins Leben eingeführt.

ANHANG.

Die gestellte Aufgabe, von dem Bau Karl des Vierten und dem künstlorischen Charakter des St. Veit-Domes ein möglichst treues Bild zu liefern, erlaubte nicht wohl eine ausführliche Besprechung der gegenwärtig im Zuge begriffenen Restaurationen. Auch wäre es, ohne vielfache Missverständnisse hervorzurufen, kaum thunlich gewesen, eine Beschreibung der von Tag zu Tage fortschreitenden Renovirungen mit einer kritischen Untersuchung des alten Bauwerkes zu verbinden. Daher konnte auch in den Illustrationen nur jener Bestand festgehalten werden, welchen der Dom seit dem Brande von 1541 bis herab auf unsere Tage bewahrt hat. Nur in einem einzigen Punkte erlaubten wir uns ein Vorgreifen in die Zukunft, indem sowohl in dem Grundwie Aufrisse bereits die projektirten und ursprünglich vorhanden gewesenen Haubendächer über den einzelnen Jochen der Seitenschiffe als aufgestellt angegeben wurden, während gegenwärtig noch in erster Galleriehöhe ein gleichmässiges Pultdach den ganzen Dom umzieht. Dieses bereits zur Abtragung bestimmte Dach wurde auf Befehl des Kaisers Ferdinand I. errichtet. In Bezug auf den gegenwärtigon grossartigen Restaurationsbau möge als vorläufige Anzeige genügen, dass die Aussenseiten des Domes grösstentheils überarbeitet worden sind, wobei die von den alten Meistern vorgezeichnete Formengebung nach Thunlichkeit eingehalten wurde. Die sorgfältige Durchbildung der Einzelheiten und solide Technik lassen keinen Wunsch übrig. Dass übrigens die Schwierigkeiten der Restauration bei einem an geschichtlichen Denkmalen fast überreichen Gebäude erst im Innern und zwar im Untertheile beginnen, ist eine allgemein bekannte Thatsache und darf als solche kaum in Erinnerung gebracht werden.

Erklärung der beigeschalteten Illustrationen.

Blatt 1 links. Unterer Grundriss des gegenwärtigen Bestandes mit Angabe der verschiedenen Bauführungen.

Die mit schwarzer Farbe ausgefüllten Partien bezeichnen den ältesten von Meister Mathias zwischen 1344 bis 1352 ausgeführten Bau, sind also nach dem ursprünglichen Plane vollendet worden.

Mit Kreuzschraffirungen sind die von Meister Peter von Gmünd herrührenden Theile angedeutet, nämlich die an der Nordseite befindliche St. Sigismundskapelle mit der anstossenden Sakristei, die an der Südseite neben dem Portal eingefügte St. Wenzelskapelle und die zwischenstehenden Pfeilerpaare.

Mit einfachen Schraffuren wurden jene Theile behandelt, welche zwischen 1352 bis 1366 von einem unbekannten Werkmeister ausgeführt wurden. Hieher gehört namentlich die Partie, welche zwischen der Wenzelskapelle und dem Treppenthurme liegt.

Die mit Punkten ausgefüllten Partien sind nach 1400 von verschiedenen Meistern hergestellt worden, so der westlich neben der Wenzelskapelle situirte Thurm mit einer angebauten Kapelle, dann die westliche Abschlussmauer.

Blatt 1 rechts. Oberer Grundriss in der Höhe des Triforiums.

Der ganze mit schwarzer Farbe ausgefüllte Hauptbau wurde von Meister Peter vollendet und 1385 eingeweiht.

Mit Kreuzschraffuren ist der nach dem Jahre 1400 aufgeführte Thurm, mit einfacher Linienschattirung die durch Meister Wohlgemuth um 1560 bewerkstelligte Restauration ersichtlich gemacht. Die Form des Mittelgewölbes, wie es von Meister Peter projektirt wurde, ist zur Vergleichung beigefügt worden.

Blatt 2 links. Das Pfeilersystem des Meisters Mathias, und zwar ein Hauptpfeiler und ein Wandpfeiler. Die flachen, birnförmig profilirten Stäbe des Hauptpfeilers gewähren keinen günstigen Eindruck, was auch von den beigefügten Kämpfern der Arkadenbogen gesagt werden darf. Viel glücklicher sind die Wandpfeiler gestaltet, deren Aufriss eine leichte und doch kräftige Haltung ausspricht.

Blatt 2 rechts. Pfeilersystem des Meisters Peter.

Der Hauptpfeiler entspricht den im Kölner Dome und anderen gleichzeitigen Kathedralen vorkommenden sogenannten Bündelpfeilern. Aus einem polygonalen Untersatz entwickeln sich die Sockel der einzelnen Rundstäbe (Dienste), welche durch kräftige Hohlkehlen getrennt werden. Der freie Pfeiler in der Sakristei erscheint zwar sehr fein, aber beinahe überreich gegliedert, wogegen die Wandpfeiler der St. Wenzelskapelle eine wohlgemessene Kraft mit Zierlichkeit vereinen. Wären die Bauführungen der Meister Mathias und Peter nicht vollkommen sichergestellt, würde man glauben, die Pfeiler des Mathias seien die jüngeren und die des Peter die älteren.

Blatt 3 links. Die Fensterstellung des Meisters Mathias, einer Chorkapelle entnommen. Die dazu gehörigen Detailirungen, als: das Brüstungsgeländer, die Kreuzblumen auf den Strebepfeilern und das Profil der Fenstergewände bedürfen keiner besondern Erklärung. Erwägt man, dass alle Fenster im Bau des Mathias gleich geformt sind, lässt sich einige Monotonie nicht in Abrede stellen.

Blatt 3 rechts. Fensterstellung des Meisters Peter, der Langseite des Lichtgadens (des oberen Raumes im Chore) entnommen. Das Ganze zeigt die kühne Entwurfsweise des Meisters: über der Fensterreihe des Triforiums erhebt sich ein sechsfeldriges Fenster mit schön gezeichnetem Maaswerk zwischen den glücklich behandelten Strebepfeilern. Dagegen ist die oberhalb der Fenster umlaufende Gallerie geradezu als misslungen und verkünstelt zu bezeichnen.

Blatt 4. Bekrönung der Strebepfeiler, dann die Strebebogen des Meisters Peter. So originell und prachtvoll die Entwickelung des Ganzen, so glänzend die Ornamentirung, gewahrt man doch hie und da Willkürlichkeiten, welche der gothischen Architektur ferne stehen. Namentlich sind die fensterartigen Maaswerke am Untertheile nicht organisch mit dem Aufbau verbunden, sondern haben bei näherer Betrachtung ein etwas rahmenartiges Ansehen. In ihrer Gesammterscheinung jedoch gehören diese Pfeilerkrönungen zu den ausgezeichnetsten Schöpfungen der Gothik.

Blatt 4. Totalansicht des Prager Domes von der Südseite.

Der Unterschied zwischen den Bauführungen der verschiedenen Meister tritt hier auffallend zu Tage. Die Einfachheit des von Mathias herrührenden Unterbaues kontrastirt seltsam mit dem reichgeschmückten Obertheil, ganz besonders aber sticht das (gegenwärtig vermauerte) Portal des Querschiffes von dem nebenstehenden Thurme ab. Oberhalb dieses Portales zeigt sich das besprochene Mosaikbild. Am Thurme lassen sich die Restaurationen des Wohlgemuth leicht von den älteren Theilen unterscheiden; auch die baroke Dekoration oberhalb des offen gebliebenen Fensters zwischen Thurm und Kirche wird diesem Baumeister zugeschrieben.

Die mehrmals erwähnte Gedenktafel, welche am südlichen Strebefeller neben dem Portale angebracht ist, besteht aus 30 Zeilen und lautet vollinhaltlich:*)

† Anno Domini M.CCC.XLIIII. die tercia mensis marcii sublimata est sancta pragensis Ecclesia in metro

---

*) Diese mit vielen Abbreviaturen versehene und nur auf einem Gerüste zu entziffernde Inschrift ist zwar mehrmals, doch nie ganz richtig veröffentlicht worden. Dem hier mitgetheilten Texte liegt eine sorgfältige vom Verfasser aufgenommene Kopie zu Grunde.

politanam per Dominum Clementem papam. Eciam eodem anno et die positus est primus la
pis fundamenti novi Chori Pragensis per Serenissimum principem dominum Johannem regem
Boemie
comitem luczenburgensem ac serenissimos principes dominos Karolum tunc marchionem moravie post in
Imperatorem promotum, Johannem ducem Karinthie, Tirolis etc. natos domini Regis predicti
et multis
nobilibus Baronis Regni prefati presentibus ac Reverendissimo patre domino Arnesto primo
Archiepiscopo
pragensi cum eisdem principibus primum lapidem imponente. Item anno Domini MCCCLXV
reverendus pater dominus
Johannes secundus Archiepiscopus Pragensis quondam Olomucensis Episcopus factus et creatus
est primus legatus natus
apostolice sedis in tota sua provincia, nec non in Bambergensi Ratisbonensi Misnensi dio-
cesibus et civi
tatibus cum suis successoribus universis per Dominum Vrbanum papam V. Qui post fuit
factus sancte Romane Ecclesie
circa XII apostolorum presbyter Cardinalis per dominum Vrbanum papam VI. feliciter pro-
motus. Item anno
Domini MCCCLXXXV in vigilia sancte Margarethe XII. hora orlogii completa est testudo
Chori pra
gensis infra missarum solempnia. Item anno Domini MCCCLXXXV in festo sancti Re
migii Con
secratus est Chorus pragensis in honore beate Marie et Sancti Viti per Reverendum patrem
dominum Jo
hannem Archiepiscopum pragensem tercium apostolice sedis legatum secundum olim Misnensem
Episcopum.
Item anno Domini MCCCLXXXXII in festo penthecostes hora vesperum positus est primus
lapis fundamenti sancte pragensis ecclesie per serenissimos principes dominum Weuces-
laum pri
mum Romanorum Regem et Boemie Regem et dominum Johannem gorlicensem ducem Marchio
nem Brandenburgensem natos serenissimi principis domini Karoli Romanorum Imperatoris
benefactoris precipui Ecclesie pragensis ac reverendissimum patrem dominum Johannem
Archiepi
scopum pragensem tercium cum nonnullis aliis patribus dominis Episcopis et prelatis. Ac
vice et
nomine serenissimi principis Domini Sigismundi hungarie et dalmacie regis etc. nati Domini
Imperatoris prefati nec non vice et nomine Serenissimarum principarum et dominarum Elisabeth Ro
manorum Imperatricis Anne Regine Anglie Margarethe Consortis domini Purgravii
Norinbergensis filiarum domini Imperatoris prefati. In honore visitationis sancte
Marie et sanctorum Wenceslai Viti Adalberti Sigismundi et aliorum Boemie patronorum . sub
directo
re fabrice pragensis Wenceslao de Radec Canonico pragensi Et petro de Gemund ma
gistro fabrice prefate. Item a. D. MCCCLXXXVI in festo sancti Adalberti translatum est
Corpus sancti Adalberti ejusdem patroni Boemie cum reliquiis sanctorum quinque fratrum de
antiqua ecclesia in medi
um nove pragensis Ecclesie presidente Reverendo patre domino Wolframo electo Archiepiscopo pragensi etc. †

b

r Höhe des Triforium.

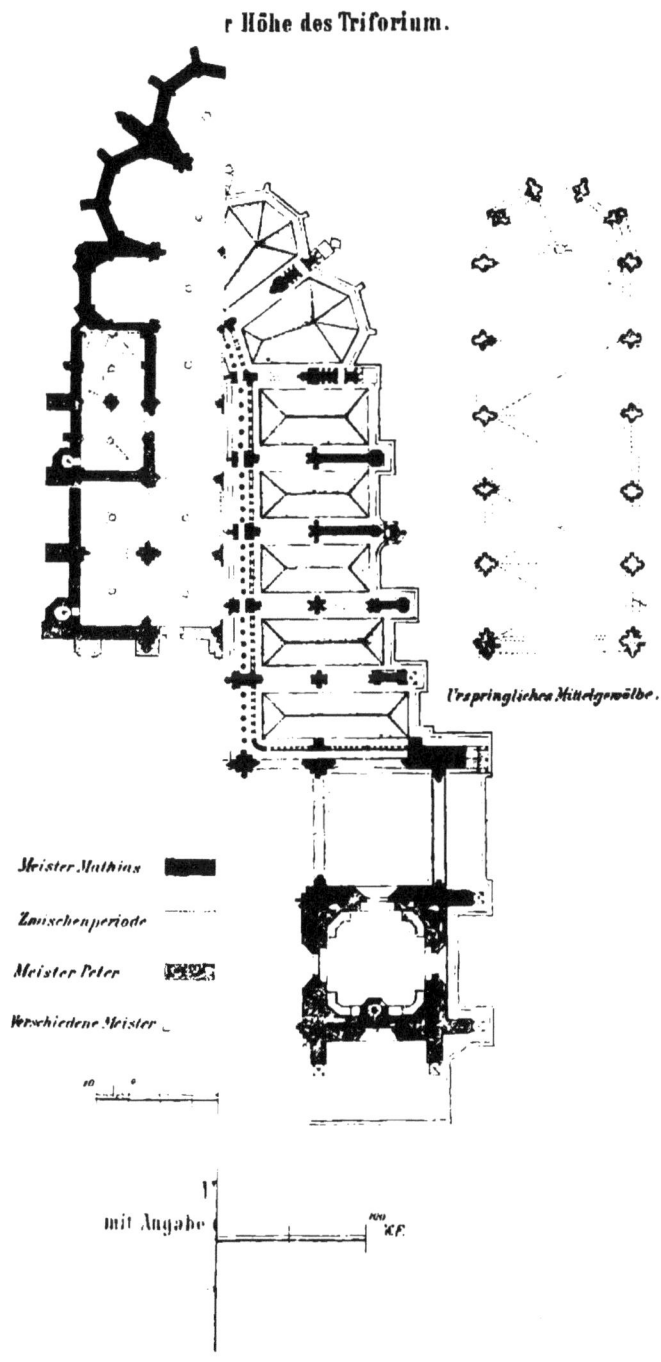

Ursprüngliches Mittelgewölbe.

Meister Mathias

Zwischenperiode

Meister Peter

Verschiedene Meister

mit Angabe

tem des Peter von Gmund.

30 W. F.

sterstellung des Meisters Peter.

Fe